全圖解 解決孩子的大

イラスト版 人前で話すこつ
子どもの発表力をのばす 52 の

小學生的說話表達練習課

克服緊張，
提升自信發表力的52個訣竅

海野美穗／著　周若珍／譯

給小讀者的話

成為最有自信的發表高手

謝謝你選擇了這本書。

在學校有時要喊口令、有時要當幹部、上課也常有分組報告，另外還有才藝發表會等活動；在大家面前講話的機會，其實出乎意料的多。這本書會把需要公開講話的機會統稱為「發表」唷！

在大家面前發表，需要很大的勇氣。發表的時候，我們也許會因為太緊張而越講越小聲、手腳發抖，或是唸錯字、忘詞；說不定有人也會忽然打噴嚏、掉東西……總之各種問題和狀況都有可能發生。我們的口條沒辦法一下子就變得很好，也不可能說不緊張就不緊張。

本書會搭配學校常見的各種發表機會，介紹許多實用的練習。

雖然叫做「練習」，但其實都是可以和同學或家人一起輕鬆進行的小活動。不必硬逼自己做，更不用一臉嚴肅；放鬆心情反而會進步得更快唷！練習時，你可以在腦中想像自己順利發表的模樣。

最重要的是——你的發表能不能「打動人心」。相信你在聽別人發表的時候，也會有許多不同的感受吧？有的發表能讓你留下深刻的印象，有的則讓你不由得讚嘆，這些反應，其實就代表你的內心被「打動」了。世界上沒有完美無缺的發表，但我們可以把「打動更多人的心」當作努力的目標。

當然，想要打動所有聽眾的心，是非常困難的，畢竟每個人的感受都不同。即使如此，我們也必須常常思考：「這樣呈現會不會更能引起共鳴？」、「下次換別的方法試試看好了！」不斷調整、持續挑戰。

就算你害怕或討厭發表也沒關係，只要練習，就一定會進步；進步之後，就會越來越有自信；一旦有自信，心態就會變得更正向，原本覺得「害怕」和「討厭」的事情，也會變得「有趣」、「喜歡」、「想繼續挑戰」。即使覺得自己表現得還不夠好，也要保持積極的態度，持續練習下去喔！

目錄

CHAPTER 1 基礎篇　習慣「發表」的各種練習

我想在身心都放鬆的狀態下發表！

我想用宏亮的聲音，充滿活力的發表！

我想大大方方、帶著自然的笑容和肢體動作發表！

我想流暢發表，不要出錯！

CHAPTER 2 實踐篇　就算發生突發狀況，也要冷靜克服

遇到出乎意料的狀況時，該怎麼辦？

我想學會處變不驚

我想克服正式發表時的不安

CHAPTER 3 應用篇　讓聽衆也有參與感，使發表變得更熱鬧

引起大家的反應

讓大家樂在其中

當個完美的聽衆

CHAPTER 1

基礎篇

習慣「發表」的各種練習

1 今天是作文發表會，我從一大早就好憂鬱……

今天是個大晴天，可是我卻打從一早就心情低落，覺得好鬱悶，不停嘆氣……因為今天是作文發表會啦！只有我會這樣嗎？

一想到作文發表會，就覺得鬱悶不安及心情低落，就算想要打起精神也很困難。這個時候，其實只要活動一下身體，就能緩和緊張不安的情緒唷！請回想看看，上體育課、音樂課或是做美勞的時候，是不是比較能放鬆心情？這是因為活動身體或專心做眼前的事情，可以幫助我們轉移注意力。

練習　穩定情緒的方法

你平常都是朝著哪個方向嘆氣呢？大部分都是朝下吧？下次請試試看朝天空大口嘆氣！而且要專心吐氣喔！反覆幾次之後，情緒就會慢慢穩定下來了。

小提醒

人平均 1 分鐘會自主呼吸十五～二十次，但若刻意慢慢吐氣，則可以縮短至六～八次。深呼吸可以幫助我們提升並延長注意力。

2 再兩個人就輪到我了！緊張到不行

再兩個人就輪到我朗讀課文了……小薰唸得好棒喔！小雪和阿正也都唸得好好……哇，就快輪到我了，我沒有信心能唸得像大家一樣好。唉唷，我該怎麼辦？

輪到自己之前的等待時間，總是令人緊張。雖然你一直告訴自己「不用跟大家比較」、「最重要的是盡全力表現」，可是看見同學一個個表現得那麼棒，還是會覺得羨慕，或擔心自己不能像大家一樣好吧？這個時候，你可以換個姿勢試試看，緊張不安的心情很快就會消失囉！

練習 化解不安的方法

回想看看，當你覺得不安和害怕的時候，是不是常常駝背、眼睛看著桌角或自己的膝蓋？這就是「不安的姿勢」。請試著抬頭挺胸，望向正前方吧！光是改變姿勢，視野就會變得更廣闊、心情也會變得更開朗，聲音和表情也會更有精神喔！

用「不安的姿勢」唸自己的名字 3 分鐘

・你覺得怎麼樣呢？把感想寫下來吧！

（例：憂鬱不安……）

抬頭挺胸唸自己的名字 3 分鐘

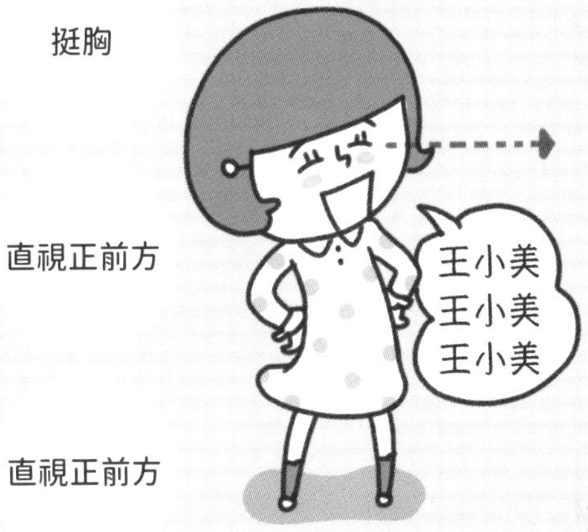

・你覺得怎麼樣呢？把感想寫下來吧！

（例：變得正向和開朗……）

小提醒

如果對孩子說：「站好！」孩子反而會更緊張、全身僵硬；但如果改成：「挺起胸膛，看著正前方。」孩子就能更放鬆，姿勢也自然會端正。只要讓孩子多多「藉由調整姿勢改變情緒」，孩子緊張時就會自主調整姿勢。

3 我的心臟好像緊張到快跳出來了！

發表時最討厭的，就是每次都會緊張到心臟像快要跳出來一樣。因為太驚慌，所以根本不知道自己在幹嘛……咦！該不會只有我心跳這麼快吧？我是不是很奇怪？

發表的時候，常常會因為太緊張而心跳加速，心臟彷彿要跳出來似的，不但情緒緊繃，連身體都很不舒服，簡直就像剛做完劇烈運動。不過這一點都不奇怪唷！心跳加快，是因為我們的身體和頭腦都處於興奮狀態，不知不覺中呼吸變得又淺又急促。這個時候，有種搭配手部動作的呼吸法很有效唷！

練習 讓心跳緩和的方法

我們可以藉由手部動作控制急促的呼吸，幫助放鬆心情。雙手請盡可能慢慢移動，同時搭配深呼吸，只要把注意力集中在雙手，就能讓情緒穩定，心跳也會逐漸緩和唷！這個方法很簡單，坐著也能做。

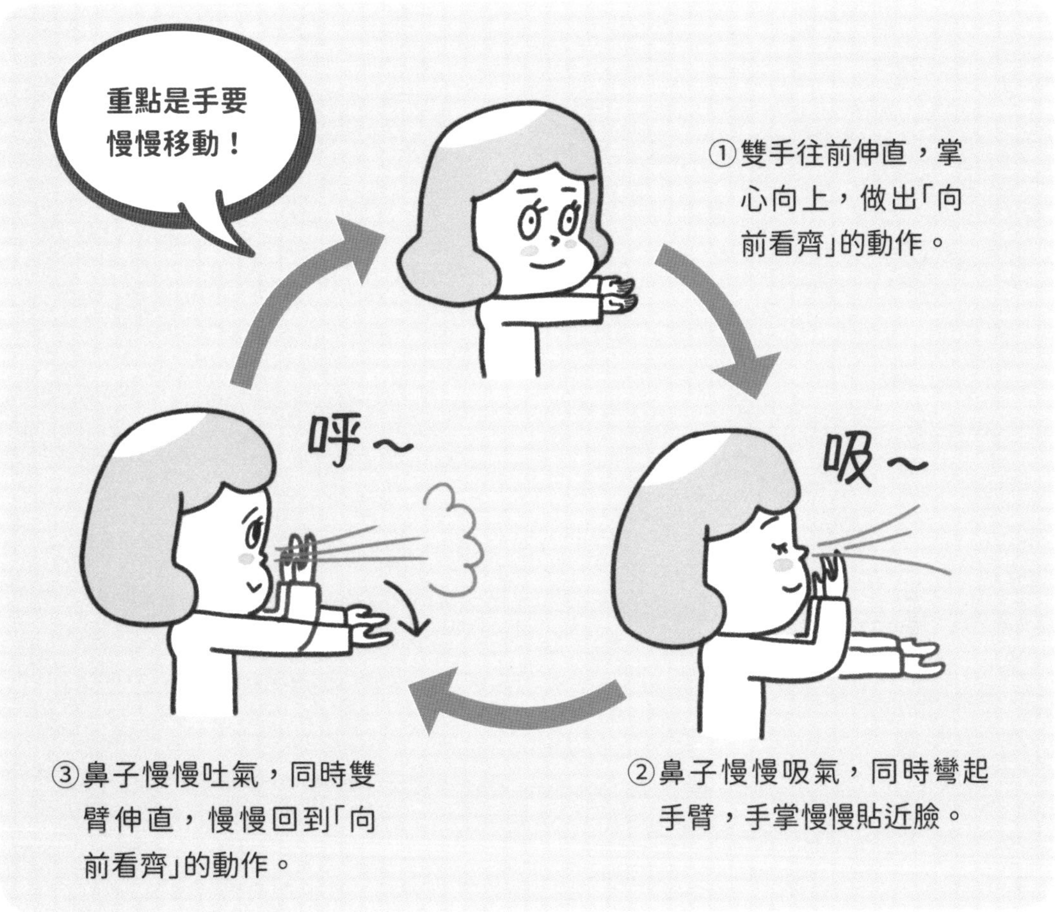

小提醒

假如講話的人呼吸急促，聽眾往往也會受到影響，而跟著呼吸急促；相反的，面對呼吸緩慢的人，自己的呼吸也會變得緩慢，這種現象叫做「同步效應」。看著自己的手慢慢移動，就會發揮同步效應，進而穩定呼吸和心跳。

4 我緊張到沒辦法呼吸了！

「好，我要加油！」雖然心裡這麼想，可是一站上臺，卻突然緊張得不得了！我拚命想開口說話，卻喘不過氣，好痛苦喔！

我們只要一緊張，身體就會變得僵硬，有時還會無法正常呼吸，令人感到慌張，這樣一來，大腦的氧氣也會不足，於是我們就會更慌張，呼吸也變得更亂。正因為我們平常完全不會意識到自己的呼吸，所以越是注意它，就會越慌亂。請留意吸氣和吐氣的方法，從日常生活開始練習調整呼吸吧！

練習　控制呼吸的方法

第一步是把氣吐完，如果沒有把氣吐光光，就不能吸氣喔！請慢慢吐氣，直到覺得「不行了！好痛苦！」為止。請確實體會「吐氣」和「吸氣」時的感覺。

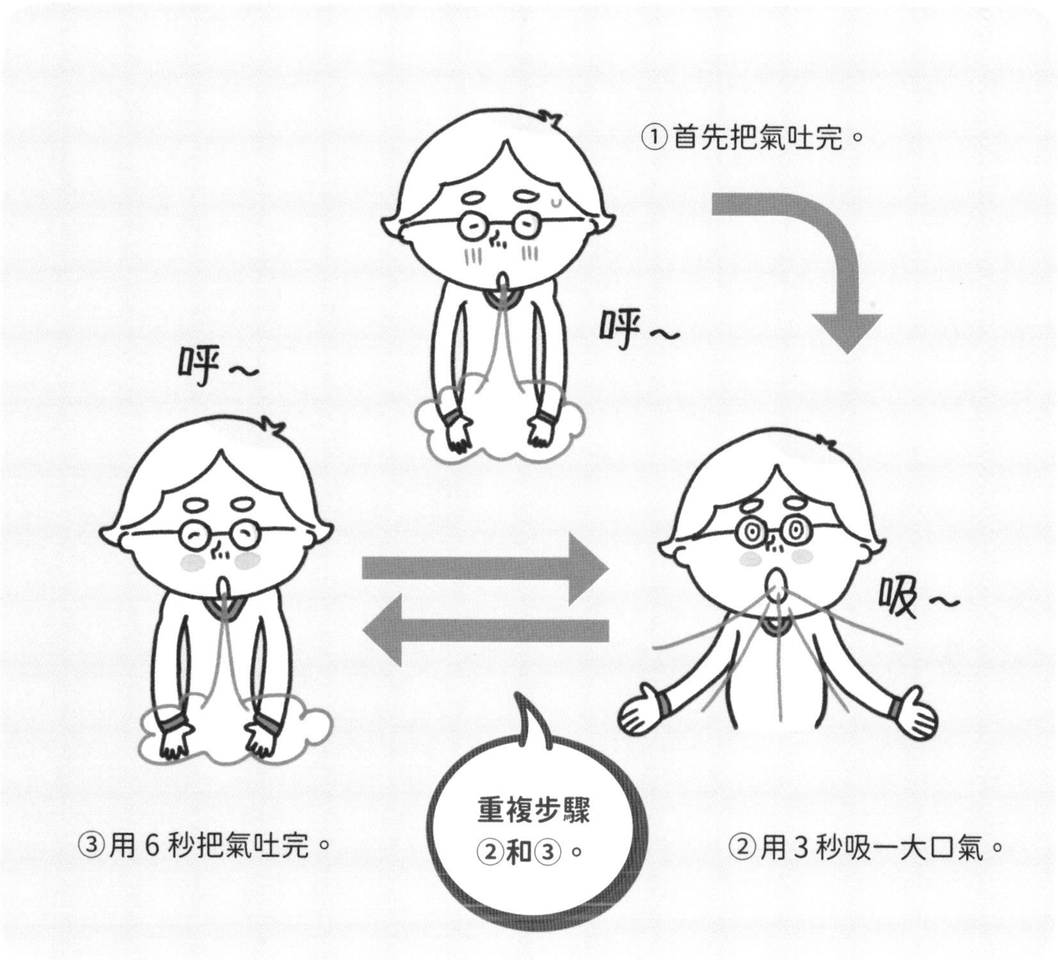

①首先把氣吐完。
呼～
呼～
吸～
③用6秒把氣吐完。
重複步驟
②和③。
②用3秒吸一大口氣。

小提醒

平時就養成控制呼吸的習慣是很重要的，正因為呼吸是無意識的動作，我們才難以察覺它的紊亂；若再加上情緒緊張，就很容易失去控制。當孩子驚慌失措時，首先請孩子練習緩緩吐氣。

5 我狂冒冷汗！怎麼辦？

下一個就輪到我發表了……怎麼辦，我緊張得滿身大汗……這種樣子上臺，一定會被大家嘲笑。我好討厭一直流汗的自己，有沒有什麼方法可以讓我在發表的時候不要流汗呢？

當我們慌張得不知所措時，通常會流黏答答的冷汗，最令人討厭了。回想看看，冒冷汗的時候，你的動作是不是夾緊手臂、聳起肩膀和背部僵硬呢？當我們用力時，大腦就會按下「緊張」和「激動」的開關，讓身體誤以為遇到危險，所以才會冒汗。因此請放鬆全身，關上緊張和激動的開關吧！

練習　緩和緊張的方法

請試著高高聳起雙肩，再一口氣放鬆垂下，接著左右搖晃上半身。讓身體放鬆的關鍵，就是順從地心引力，請把注意力放在手的重量，同時扭動脖子和肩膀，感受身體放鬆時的舒適。

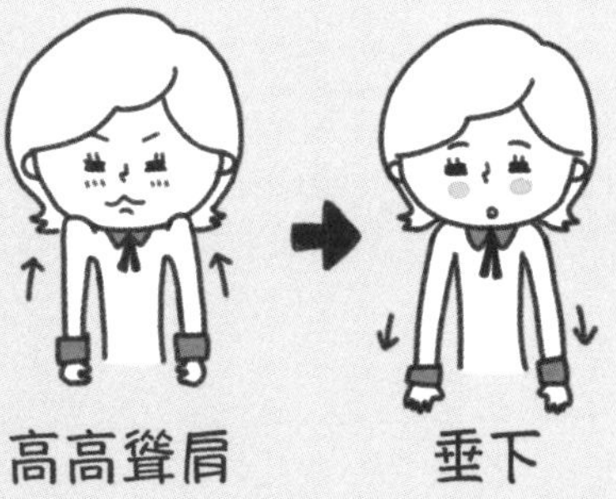

①高高聳起雙肩，再一口氣垂下。重複三次左右。

②腋下打開約一顆乒乓球的寬度，搖晃上半身。

③雙手自然下垂，輕輕甩動，接著抬起雙臂再放下，開合腋下。反覆持續1分半鐘左右。

④慢慢回到原本的姿勢。

小提醒

等待自己上臺發表的這段時間，身體若變得僵硬，往往會導致正式上場時過度緊張。這時可以提醒孩子放鬆，讓孩子養成控制自己身體的習慣，如此一來，便能在身心放鬆的狀態下進行發表。

6 我的手好冰又一直抖……我能好好拿穩稿子嗎？

老師說可以帶稿子上臺，但我光是想像上臺的畫面，手就變得好冰，而且身體開始顫抖！大家一定會察覺我在發抖，好丟臉，我該怎麼辦？

手會發抖，其實是因為身體太用力，讓肌肉變得僵硬。請你夾緊腋下，手腕保持不動，試著在紙上畫一個「○」，相信你很難畫得好。接著，請放鬆手臂，讓手腕自由活動，再畫「○」，這次應該可以畫得很圓吧？當你覺得手快要發抖的時候，可以從手開始放鬆，慢慢緩解全身的緊張。

練習　讓手不要發抖的方法

覺得手好像快要開始發抖的時候，請試著做手部體操。只要動一動手，就會暖和起來，僵硬的肌肉也會放鬆，就比較不容易發抖了。上臺之前，先讓手變得暖呼呼吧！

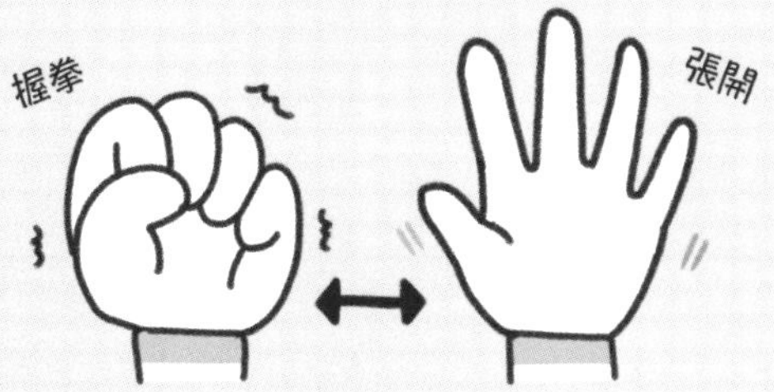

①握拳再張開。

②從指尖開始往手腕按摩，一直到腋下。

③讓手臂自然下垂，輕輕握拳，再像舉啞鈴一樣慢慢抬起。

④手舉到胸口之後，再一口氣放鬆，讓手垂下。

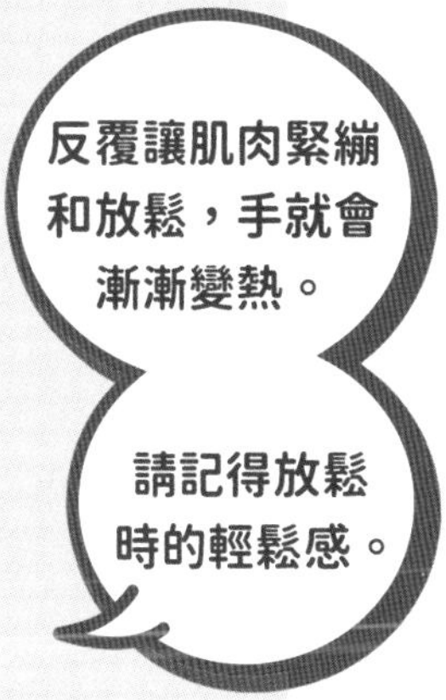

反覆讓肌肉緊繃和放鬆，手就會漸漸變熱。
請記得放鬆時的輕鬆感。

小提醒

即使是坐在椅子上，也可以反覆握拳、張開或按摩指尖。假如只是一直叫孩子冷靜，孩子反而會更焦慮，請不要勉強孩子放鬆心情，而是請他專心放鬆手部及手腕的肌肉。

7 輪到我了！可是我的腳一直發抖

「張小惠同學！」

「是！」——終於輪到我了，怎麼辦，我都要上臺發表了，結果腳卻開始發抖……哇！為什麼會這樣啦！拜託！腳可以不要再抖了嗎？

雙腳發抖會讓人感到慌張，可是越是想要停下來，好像就會抖得越厲害。不過，仔細想想，我們的雙腳是不是只會在站著不動的時候發抖？走動的時候，腳好像不太會抖，對吧？所以，當你覺得雙腳開始發抖的時候，就趕快把注意力轉移到腳以外的地方，一邊慢慢走動，一邊發表，直到穩定下來就好囉！

練習　如何緩解不必要的緊張

1. 在心裡默唸三樣東西的名稱

越是在意發抖的雙腳，注意力就越無法集中。感受到自己雙腳發抖的時候，請先別急著低頭看自己的腳，而是把視線轉移到其他東西，在心裡默唸它的名稱。也可以事先想好等一下要默念的三樣東西，決定之後請寫在下面。

例：「小健的鉛筆盒」「小美的書包」「千千的課本」

2. 模仿老師

老師講課的時候，不是會在臺上走來走去嗎？只要來回走動，同學就不會注意到你的雙腳在發抖。請試著模仿老師，練習邊走動邊講話吧！

小提醒

站在原地不動時的視野會受限，往往容易因此緊張。一旦緊張過頭，自律神經就會失調，導致身體顫抖。發表前，只要眺望窗外的景色、環視教室，或在心裡默唸映入眼簾的物品名稱，心情就能放鬆許多。

8 大家都在看我，腦袋一片空白了啦！

輪到我了，有小莉和阿樹替我加油，一定沒問題的。可是，站上臺一開口……大家的目光都集中在我身上！怎麼辦！我突然不知道該講什麼了！

就算同組的同學在旁邊替自己加油，一站上臺面對全班同學時還是會緊張。畢竟不論練習了多少次，正式上場的感覺就是不一樣。上臺後，全班都看著自己，腦子突然一片空白，講話速度和練習時不一樣，換氣的時間點也和平常不同，結果就更慌張了。

練習　避免驚慌失措的方法

正式發表時，假如說話的速度和練習的不一樣，或是沒有在習慣的時間點換氣，就會讓我們覺得自己好像出錯了，因此感到不安。這個時候，可以請同學當「指揮家」，一起練習照著指揮的指示改變講話速度，或在適當的地方停頓。

①決定誰當發表者，誰當指揮。
②發表者先用自己習慣的速度講話。
③指揮隨意做出指示，例如「快一點」、「慢一點」和「停頓」等等。
④發表者必須遵照指示調整速度。
⑤角色對調，再練習一次。

小提醒

想要避免頭腦一片空白，就必須在練習方法上花點巧思，並針對各種突發狀況擬定對策。練習時可以加入一些遊戲元素，而非只是朗讀稿子。扮演發表者的孩子若能順利遵照指示調整，請務必鼓勵孩子：「就是這樣！很棒！」

9 同學說我聲音太小了，聽不見！

我最討厭喊口令了，因為大家都會說：「你的聲音太小了，聽不見！」我已經努力大聲喊了啊！好希望能更有活力、更帥氣的喊口令喔！

當別人指出自己聲音太小，一般人都會強迫自己發出更大的聲音；可是一旦有壓力，聲音反而會變得更小，就算努力大聲說話，也只有一瞬間大聲，聲音好像被綁住一樣，無法保持宏亮。不過，只要好好練習，每個人都可以發出宏亮的聲音，重點只有兩個：一個是讓身體保持穩定，另一個是好好呼吸。

練習　發出宏亮的聲音的方法

想要聲音宏亮，就必須穩穩站好，避免晃動，同時平穩呼吸。身體穩定的話，看起來比較有自信，也不會駝背；這麼一來，呼吸也會比較順暢，聲音變得充滿活力。

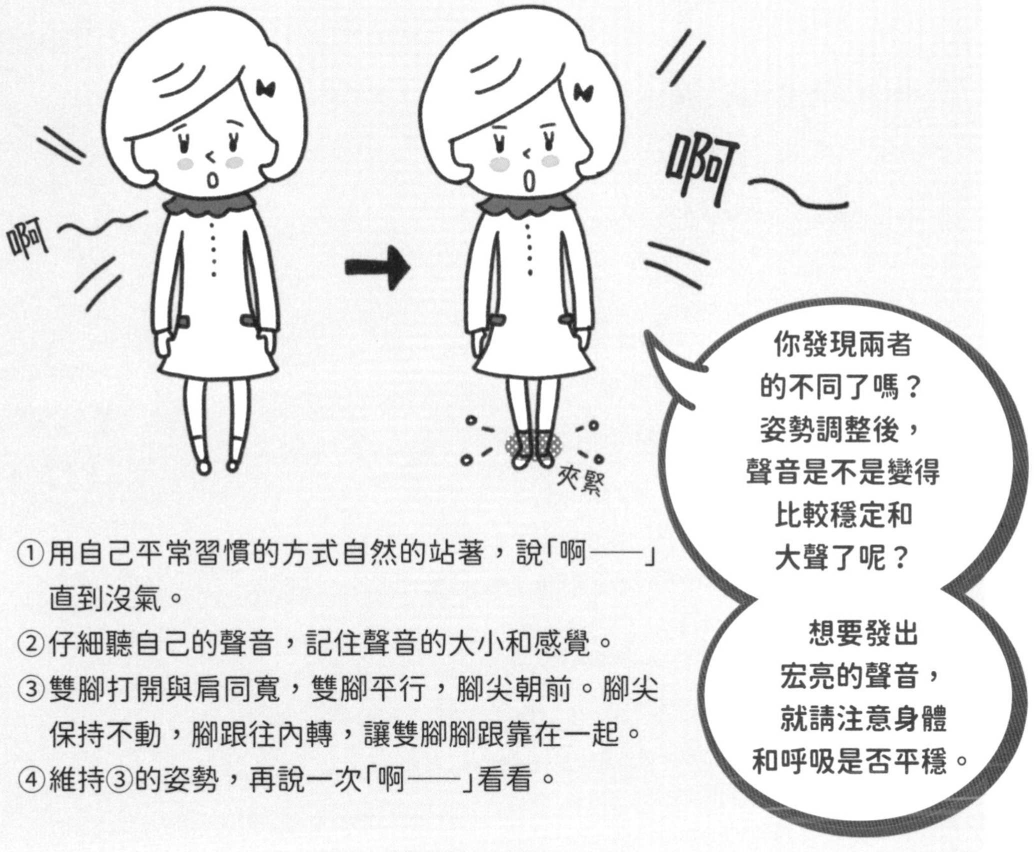

啊
啊
夾緊
你發現兩者的不同了嗎？姿勢調整後，聲音是不是變得比較穩定和大聲了呢？
想要發出宏亮的聲音，就請注意身體和呼吸是否平穩。

①用自己平常習慣的方式自然的站著，說「啊——」直到沒氣。
②仔細聽自己的聲音，記住聲音的大小和感覺。
③雙腳打開與肩同寬，雙腳平行，腳尖朝前。腳尖保持不動，腳跟往內轉，讓雙腳腳跟靠在一起。
④維持③的姿勢，再說一次「啊——」看看。

小提醒

每個人都可以瞬間提高聲量，但想要持續穩定發出宏亮的聲音，則需要花一段時間練習。若硬是勉強自己大聲說話，可能會傷到喉嚨，因此請每天練習，循序漸進培養宏亮的聲音。

10 我沒辦法中氣十足的講完一句話

我每次剛開口說話時都中氣十足，可是卻沒辦法持續，越來越小聲，到最後變得像是在講悄悄話。越是想要大聲說話，聲音反而就越小……有什麼解決辦法嗎？

已經下定決心要展現活力，也努力大聲說話了，可是氣卻越來越不足，最後聲音變得像蚊子一樣——這樣的例子其實很常見。這是因為我們沒有好好掌控呼吸的緣故，所謂的控制呼吸，就是吐氣時維持一定的量和強度。只要多練習，就能中氣十足的講完最後一個字唷！

練習　讓聲音更清晰的方法

想要讓每一個字都鏗鏘有力，關鍵在於調整呼吸，也就是在一定時間內維持穩定的吐氣量和強度。現在準備一個有秒針的時鐘，開始練習控制呼吸吧！

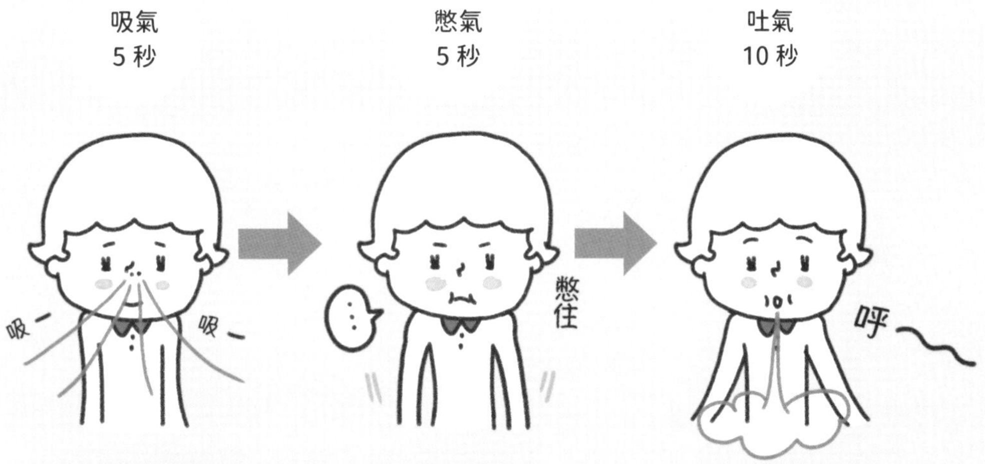

①看著時鐘的秒針，吸氣整整 5 秒。
②吸到底後，憋住呼吸 5 秒。
③花整整 10 秒，發出「呼——」的聲音，慢慢吐氣。
④注意「呼——」的聲音有沒有維持一定的強度。
⑤重複三次爲一輪，至少練習三輪。
⑥能維持一定的強度之後，再慢慢把吐氣的時間增加到 15 秒或 20 秒。

也可以試著一邊說「啊——」一邊練習。
假如剩下的氣太多或是不夠，就表示你還無法準確控制吐氣的量和強度，先努力做到剛好維持 10 秒吧！

小提醒

可以安排兩人一組練習，彼此幫忙讀秒，例如：「吸氣，1、2、3、4、5，停……」一開始氣可能會不夠，但請提醒孩子不用慌張，繼續練習就好。請孩子盡量用鼻子吸氣、嘴巴吐氣。

11 我總是緊張到聲音發抖

我報告完幹部要傳達的事項之後，一回到座位上，坐在隔壁的小祐就對我說：「小奈，妳剛剛很緊張吧？」他發現我的聲音在抖嗎……討厭啦！那下次報告的時候怎麼辦？真希望聲音可以不要發抖。

上臺說話時，假如過於刻意發出宏亮的聲音，有時身體反而會太用力，使喉嚨緊縮。這麼一來，聲音就會變得跟平常不一樣，而且會顫抖。另外，如果不能控制吐氣的量，聲音也會容易顫抖（請參照練習 10）。假如一直擔心聲音顫抖，我們的身體反而會變得更僵硬，造成反效果。但只要持續練習穩定發聲，一定就能漸漸改善。

練習　穩定發聲的方法

請先試試看故意把喉嚨縮緊，只用一點點氣來說話——聲音是不是很難控制，而且喉嚨也很不舒服呢？想要發出平穩且不顫抖的聲音，就必須訓練一種叫做「橫隔膜」的肌肉唷！

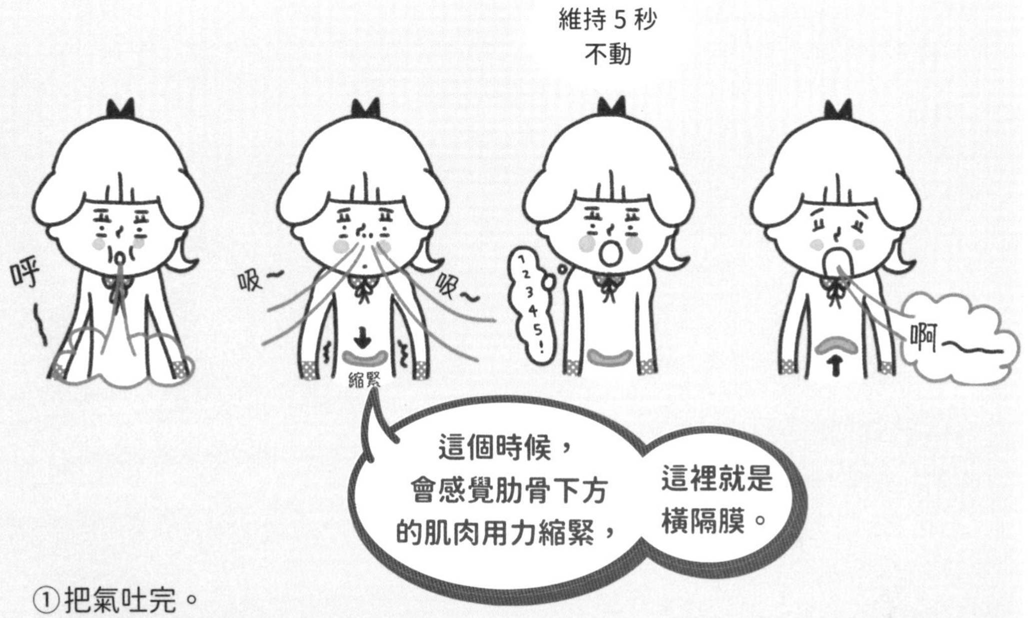

維持 5 秒
不動
呼
吸~
吸~
1 2 3 4 5 !
啊~~
縮緊
這個時候，
會感覺肋骨下方
的肌肉用力縮緊，
這裡就是
橫隔膜。

①把氣吐完。
②胸口和肩膀不動，用鼻子吸氣，想像空氣流進心窩。
③吸到底之後，憋住氣，張開嘴巴。
④張著嘴繼續憋氣 5 秒。
⑤5 秒過後，發出「啊——」的聲音，此時可以感受到橫隔膜慢慢上升。
⑥把注意力放在橫隔膜，同時維持一定的吐氣量，盡量保持聲音穩定且音量一致。

小提醒

訓練控制橫隔膜，可以幫助維持一定的吐氣量，進而使聲音變得穩定而宏亮。若孩子不知道心窩的位置，大人可以將手放在自己肋骨與胃中間的位置做示範，讓孩子模仿。

12 我想用清晰悅耳的聲音朗讀！

小莉好會朗讀喔！每次都唸得很順暢，聲音又很清晰，讓人聽得入迷，真想像她一樣那麼擅長朗讀。

想讓聲音變得清晰，就必須正確咬字；想要咬字正確，就必須訓練臉頰、嘴巴和舌頭的肌肉。演員和主播的聲音，聽起來都很清晰對吧？那是因為他們的舌頭很靈活，而演員和主播的舌頭之所以靈活，是因為他們每天都會練習發音咬字，只要好好練習，你的聲音也可以變得很清晰唷！

練習　讓舌頭變得靈活的方法

隨意翻開課本的某一頁，開始練習朗讀。讀熟之後，再拿教室或家裡的課外書練習。除此之外，也可以練習唸繞口令，每天只要花 5 分鐘就好，重點是一定要每天持續練習，這才是邁向成功的捷徑。

流利順暢……
翻開
請參考第 84 頁的「口齒清晰大作戰」

①挑一本課本或家裡的書，隨意翻開一頁。
②先慢慢朗讀。
③假如有比較難發音或容易結巴的詞彙，就打勾記號。
④反覆朗讀，並特別留意打勾的地方，直到可以流暢唸完整篇文章。
⑤可以流暢唸完後，再慢慢加快速度。
⑥加速時，如果有比較難發音或容易結巴的地方，就再做一次記號。
⑦反覆練習。

小提醒

練習朗讀時，可以請孩子寫下較難發音的單字，以利掌握自己較不擅長的發音或發音組合。提醒孩子時，請避免說「剛剛那個地方聽不清楚」，建議改為「剛剛那個地方可以唸得更清楚一點嗎？」便能減輕孩子練習時的緊張感。

13 怎麼辦！這次的才藝發表會要講臺詞……

這次才藝發表會的話劇，我被分到有臺詞的角色。可是我太害羞了，根本不敢抬起頭。我也知道講臺詞的時候應該要面對觀眾……要怎麼樣才能克服害羞？

唸臺詞確實會令人害臊，突然被要求做一件自己不習慣的事情，任誰都會感到不自在，而這種不自在，會轉變成一種「擔心自己出錯和出糗」的心情——這就是我們感到害羞的原因。想要克服這種心情，最重要的就是「熟練」和「大膽嘗試」，只要多加練習，慢慢就不會怯場囉！

練習　拋開害羞的方法

拋開一切，反覆不停練習吧！一開始可能會因為太害羞而表演得不好，但沒有關係，請不斷挑戰「自己平常絕對不會做的事」，慢慢拋開害羞的心態！可以一個人練習，也可以和組員一起練習唷！

①假裝自己是偶像歌手，正在開演唱會！
②假裝房間是舞臺，從歌手走上臺的瞬間就開始扮演。
③可以放音樂、要求粉絲打拍子和粉絲握手。
④習慣之後，可以試著大聲喊：「今天謝謝大家！」、「大家開心嗎？」
⑤練習時請不斷告訴自己：「我可以炒熱氣氛！我可以讓大家開心！」

小提醒

此練習的成功與否，其實取決於「扮演粉絲的人能不能炒熱氣氛」。即使扮演偶像的孩子始終低著頭，也請對他說：「加油！我們支持你！」練習結束後，也別忘了誇獎扮演偶像的孩子：「好棒！你表現得真好！」

14 我的發表總是死氣沉沉

上次公開觀課時，小組發表的照片出來了，但不知道為什麼，只有我一臉死氣沉沉的。大家發表的時候看起來都朝氣蓬勃，為什麼只有我這麼陰沉呢？

站在臺上的人如果帶著開朗的神情，聽眾也會聽得比較舒服。人的表情，是由一種叫做顏面表情肌的肌肉控制的。公開觀課時，很多同學的爸爸媽媽都會在場，想必一定比平常更緊張吧？一旦緊張，顏面表情肌就會變得僵硬，有時看起來甚至像在悶悶不樂。請先讓臉部肌肉放鬆，再練習怎麼控制肌肉吧！

練習　讓表情更開朗的方法

上臺前容易感到緊張的時候，可以做做臉部肌肉伸展運動，讓臉變得熱呼呼、肌肉變得柔軟，這樣一來，僵硬的表情就會軟化，笑容也會變得更自然。做完伸展之後，請練習揚起嘴角（嘴巴的兩端），只要露出開朗的表情，心情也會跟著變好唷！

伸展顏面表情肌

①做出「ㄨ」的嘴型。　②把嘴巴嘟成「章魚嘴」，左右來回噘嘴三十次。　③最後順時針、逆時針各轉三十圈。

練習揚起嘴角

①準備一雙筷子和一面鏡子，咬住筷子。　②咬著筷子，發出「一」的聲音。　③揚起嘴角，維持5分鐘。

小提醒

臉部肌肉的柔軟度不止會影響表情，同時也會影響舌頭的靈活度（請參照第 31 頁）與聲音的宏亮度。想在面對大眾時保持開朗的表情，就必須養成隨時注意自己表情的習慣。若能盡量每天訓練顏面表情肌，就能創造「自然的笑容」。

15 我邊笑邊報告，結果被罵了！

上次全校集合時，我代表服務股長上臺報告。我在心裡提醒自己要面帶笑容，所以從頭到尾都邊笑邊報告，結果被小淳罵：「不要嘻皮笑臉，認真一點啦！」……哭哭。

發表時面帶笑容，可以帶來活潑開朗的印象，看起來充滿精神，對吧！不過，假如發表的內容和笑容不搭，有時反而會讓人覺得輕浮。請回想看看，平常跟朋友聊天時，是不是好笑的時候才會笑；講正經事的時候，就會一臉嚴肅呢？比起一直面帶笑容，更重要的應該是配合內容及當下的情緒，做出適當的表情。

練習　做出自然表情的方法

練習發表的時候，可以試著反覆變換表情，如：嚴肅→微笑→嚴肅→微笑。請看著鏡子，確認自己的表情適不適合發表內容，找出最貼切的表情。

試著做出各種誇張的表情！

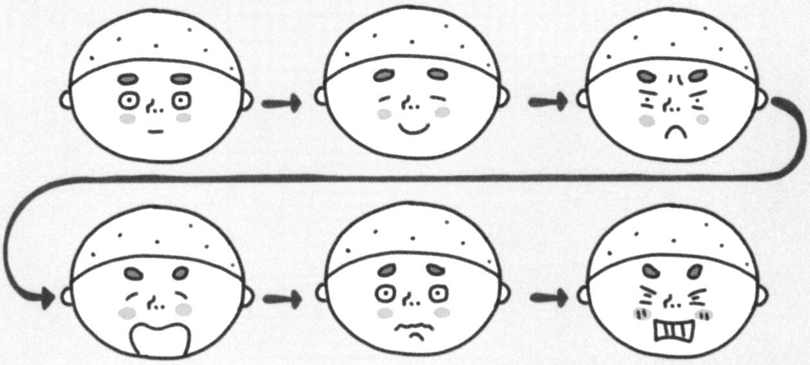

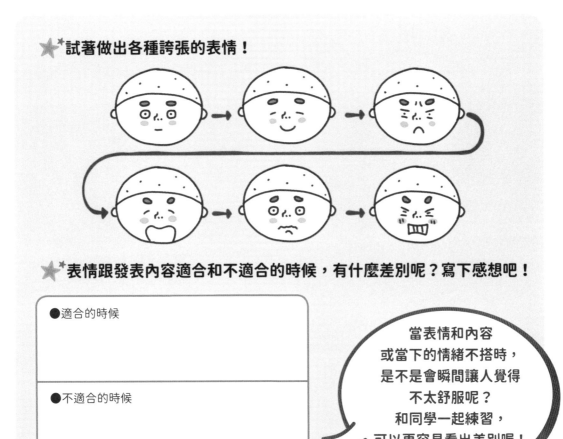

表情跟發表內容適合和不適合的時候，有什麼差別呢？寫下感想吧！

●適合的時候

●不適合的時候

當表情和內容
或當下的情緒不搭時，
是不是會瞬間讓人覺得
不太舒服呢？
和同學一起練習，
可以更容易看出差別喔！

小提醒

假如擔心自己無法確實傳達情緒，可以在發表前先確認自己的表情，正式上場時就能表達得更好。引導孩子思考自己的表情看起來像什麼情緒？自己有什麼感覺？慢慢找出最自然又開朗的表情。

16 發表時我總是忍不住動來動去

我要在全校朝會時演講，練習的時候，被老師提醒好幾次：「站好，不要一直動來動去。」我問了阿友，他也說：「你剛剛一直在摸頭，要不然就是摸衣角。」可是我完全沒有意識到，怎麼辦啊？

人只要碰觸自己的身體就會感到安心，因此緊張的時候，常會下意識東摸西摸，藉以緩和緊張的心情。這雖然是很自然的反應，但假如在發表的時候動來動去，可能會使聽眾分心，無法專注在你精心準備的發表。既然如此，我們乾脆就來練習說話時搭配手勢吧！

練習　如何改善動來動去的習慣

假設你要對同學說：「爺爺寄來一大箱橘子，我一口氣吃了二十顆」的故事，你最想強調的是哪個部分？會不會想在「一大箱」和「二十顆」的地方加上一些手勢呢？發表也是一樣。只要在你想強調的地方搭配手勢，就可以避免身體不自覺的動來動去囉！

①想想看，假如是跟同學聊天，你會想在哪個部分比出手勢？
②盡量在你想強調的地方加上手勢。
③如果覺得動作太多，就從優先順序較低的部分開始刪除動作。

小提醒

指導時若只是對孩子說：「不要亂動！」孩子可能會更緊張。請告訴孩子：「說話時如果可以加上一些動作，看起來會更專業喔！」可以提醒孩子，肢體語言在日常生活中就可以練習，讓孩子更注意自己的一舉一動。

17 光是顧著講話都來不及了，哪有辦法搭配肢體動作！

我本來想在發表中適時指一下海報，並且面向大家講話，可是發表的當下，光是顧著講話就很辛苦了！這次幸好有花花在旁邊幫我，但我真的好想自然做出肢體動作喔！

發表的時候，我們往往會不斷提醒自己「要在這個地方做這個動作」、「絕對不可以講錯」，使得肩膀和腋下在不知不覺中太過用力，肌肉僵硬得無法自然動作。想要在發表時搭配肢體動作，就必須反覆練習如何自然配合情緒做動作。最重要的，就是大大方方表達你的情緒！

練習　自然展現肢體語言的方法

當我們的情緒改變，自然就會出現一些肢體動作。例如大笑時，我們可能會拍手或搖晃身體，做出各種動作，應該很少有人直立不動的大笑吧？發表時也是一樣，請將自己的感動或想與聽眾分享的心情，透過肢體語言表現出來吧！

「這杯水超好喝的」，跟著這句台詞說說看吧！

你的語氣和肢體動作是不是都改變了呢？這就表示你的情感和肢體動作同步了！

指示①
心想著這杯水很難喝，並做出覺得很難喝的表情

指示②
心想著這杯水很難喝，但做出覺得很好喝的表情

指示③
心想著這杯水很好喝，但面無表情、直立不動

指示④
心想著這杯水很好喝，並試著將這美好的滋味分享給同學

小提醒

除了在表演中為了做效果而事先安排的動作之外，每個人的肢體語言都不同。在練習時，請仔細觀察孩子自然展現的動作，即時告訴孩子：「啊！這個動作很棒喔！」孩子就會更有自信。

18 老師說我的動作太僵硬了！

這次的才藝發表會，我們班要演話劇。在家裡練習時，我明明可以演得很自然，可是在學校練習時，我的動作就變得好僵硬，走起路來跟機器人一樣，還被老師叮嚀：「你的動作太僵硬了，再自然一點嘛！」

在家裡明明做得很好，在學校練習時卻老是失常，真是令人懊惱！這是因為面對聽眾時，我們會特別想要好好表現。在家裡練習的時候，沒有人在旁邊看，所以我們可以表現得比較自然；但是到了學校，由於大家都在看，我們就會想表現得好一點。在緊張之下，我們的身體和心情都會變得緊繃，動作也就變得僵硬了。

練習　演話劇時讓動作更自然的方法

要拋開「想好好表現」的想法，其實只要練習「表現得不好」就好了。假如練習的目的本來就是「表現得不好」，身體和心情自然就會放鬆。在正式排練之前，大家可以先歡樂的做做看這個練習當作暖身，心情一定會變得比較輕鬆唷！

嘰哩嘰哩
（早安）
咕嚕咕嚕
（小千）
呱啦呱啦
（早安）
呼嚕呼嚕
（怎麼了？）

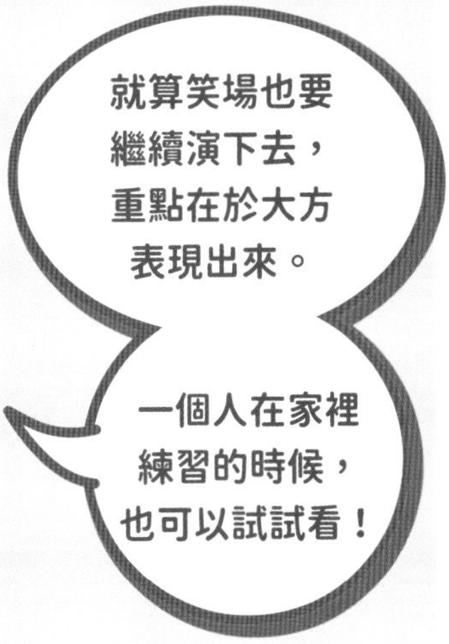

就算笑場也要繼續演下去，重點在於大方表現出來。
一個人在家裡練習的時候，也可以試試看！

①從話劇裡挑一個場景。
②把這個場景裡的對話全部改成沒有意義的音。
③自由搭配動作，大方的和同學用沒有意義的發音對話。

小提醒

很多時候孩子是因為太過認真，才會導致動作僵硬，若刻意把臺詞改成沒有意義的音，孩子反而會努力透過肢體語言表達自己的情感，動作也不會變得僵硬。請鼓勵孩子：「這樣很棒！而且還可以講得讓人更聽不懂唷！」

19 不管練習幾次 我都會結巴！

明明已經在家練習了好久，結果小組報告時還是結巴好幾次……阿志還問我：「妳在家有好好練習嗎？」害我心情超差的。到底要怎麼樣才不會在發表的時候結巴呢？

練習時明明很順利，但正式上臺時卻表現得不如預期，其實是很常見的現象。出錯的時候，請不要覺得：「啊，完蛋了！」而是試著在心裡告訴自己：「沒關係，繼續講下去！」接著深呼吸，重新來過。在正式上臺時容易結巴，是因為緊張和不安的情緒使你的舌頭肌肉變得僵硬、不靈活；舌頭肌肉僵硬，會讓我們沒辦法清晰地發音、結結巴巴。只要透過舌頭體操來緩和緊張，正式上臺時就能更安心了。

練習　上臺前伸展舌頭肌肉的方法

每個人都會結巴，這並不是什麼壞事。在上臺之前，可以做一下緩解舌頭緊張的伸展操。

①想像自己含著一顆很大的糖果，在嘴裡左右移動舌頭，用舌尖戳臉頰。

②把舌頭放在牙齒和嘴唇之間，抵著牙齒外側，順時鐘、逆時鐘繞圈。

③吐舌頭，盡量把舌頭伸長。

④持續發出「啦啦啦啦啦啦啦」的音。

小提醒

各位是否下意識的認為「結巴是壞事」呢？假如「結巴＝不好」的印象深植於腦中，孩子就會感到壓力，反而更容易結巴。當孩子結巴的時候，請告訴孩子：「OK 的！沒關係！」

20 我總是不知道自己唸到哪裡了

上星期，
我們這一組去車站
附近的超市……
咦？
我唸到哪裡了？

我每次唸稿，都會突然不知道自己在唸哪裡。大家都唸得很順，只有我老是搞不清楚狀況，要怎麼樣才能順順的唸稿呢？

之所以會唸到一半找不到自己在唸哪裡，是因為你太專注於看文字了。當我們拚命想把每個字看清楚，眼睛就很容易看到隔壁行的同一個字唷！練習時，可以把場景分成「朗讀課文」這種「非得逐字逐句唸不可」的情況，以及「發表報告」這種「不一定要一字不漏的照稿唸」的情況。

練習 沉穩唸稿的方法

1. 必須照著文章朗誦時（例如朗讀課文等）

把原稿拿遠一點，眼睛看著現在正在唸的地方之後的五～六個字。掌握接下來的內容之後，就可以穩穩朗讀囉！

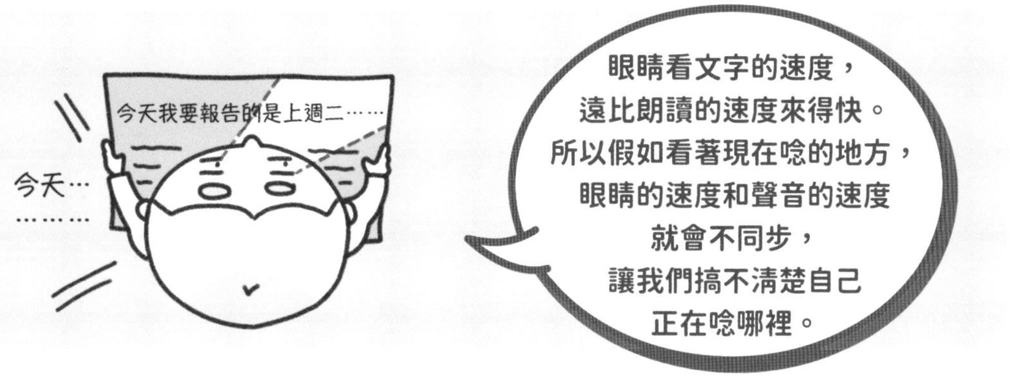
今天我要報告的是上週二……
今天…
………
眼睛看文字的速度，
遠比朗讀的速度來得快。
所以假如看著現在唸的地方，
眼睛的速度和聲音的速度
就會不同步，
讓我們搞不清楚自己
正在唸哪裡。

2. 不用一字不漏的時候（例如上臺發表等）

發表自己的意見或小組報告時，只要記得幾個非講不可的關鍵字就好，不用一字不漏的照著稿子唸也沒關係，可以做一張只寫了關鍵字的「小抄」喔！

早上喝茶比較好！
· 提神醒腦
· 思路清晰
對健康有益！
· 不會變胖
· 可以補充水分
· 讓身體暖和

①關鍵字可以寫大一點，或用紅筆寫。
②把必須說明的部分條列出來。
③報告時可以看著條列出來的關鍵字，這樣一來，不但可以避免「不知道唸到哪裡」的問題，更可以面對聽眾。

小提醒

若將講稿逐字逐句寫下，孩子的臨場反應能力就會降低，報告可能也會不夠生動。練習時若只寫出關鍵字，便能增加臨場感，讓孩子學會如何自然發表，請讓孩子「用自己的話」報告。

21 只要跟練習時不同，我就會結巴

社會課各小組發表校外參訪心得時，我把海報貼在黑板上報告。練習的時候我舉的是右手，但正式上臺時我卻不小心舉成了左手，我覺得自己好像做錯了，結果講話就結巴了。哇，嚇死我了……

儘管已經充分練習，在正式上場時卻還是出錯，真是令人不甘心！事先規劃好「講到哪裡時，要搭配什麼動作」，是非常正確的概念。不過，假如你一心只想著要讓動作和報告搭配得完美無缺，到了正式上臺，萬一舉「錯」手，就會覺得：「好像哪裡不對勁！我出錯了！」為了避免因為小細節而產生彷彿出錯的感受，決定動作之後，請試試看以下的練習。

練習　順暢發表不結巴的方法

請試著想一些在正式發表時絕對不可能做的動作，和同學一起練習。只要熟練到亂做動作也可以順利發表，那麼就算正式上臺時不小心做出和排練時不同的動作，也不會慌張了。把這個練習當成遊戲，來試試看吧！

①把指令寫在紙條上做成籤。
②在一個人發表的同時，組員輪流抽籤，按照籤上的內容對發表者下指令。
③發表者必須在不中斷發表的情況下，依照指令做出動作。

指令範例

- 摸自己的頭
- 轉一圈
- 原地跳躍
- 比出「V」手勢
- 舉起右手
- 拍手……等等

小提醒

在報告時適度搭配肢體動作固然是好事，但若過於堅持「在這個地方一定要做出這個動作」，萬一上臺時沒能做出該動作，孩子往往就會慌了手腳。請利用一些在正式發表時絕對不可能做的動作，培養孩子處變不驚的能力。

22 我沒辦法把自己的想法化為言語

我超不會辯論的，如果不能即時反駁另一方的論點，我們就會輸；可是就算我腦中有想法，也沒辦法立刻化為言語表達，要怎麼樣才能順利用言語表達自己的想法呢？

有時候，你是不是會找不到貼切的詞彙表達自己的意見或心情呢？這時首先該做的，就是增加自己的詞彙量。另外，假如你反對的理由不夠明確，那麼被問到「你為什麼反對？」時，就會說不出話來。請練習不斷自問「為什麼？」探究真正的原因。

練習　快速將想法化為言語的方法

1. 試著用不同的詞彙敘述同一個動作

同樣是「吃蘋果」，每個人腦海中浮現的景象應該都不同：有的人是「大口咬下」，有的人是「送進嘴裡」，有的人是「咬一小口」。即使是同樣的動作，只要換個說法，帶給對方的印象就會不同。請練習用各種不同的詞彙來敘述，增加詞彙量！

題目：喝牛奶

急著喝時 ▶ 例如：灌下牛奶

肚子超餓時 ▶

牛奶比想像中燙時 ▶

2. 寫下自己喜歡的東西，問自己三次「為什麼」

你為什麼喜歡這個東西呢？請連續問自己三次「為什麼」，找出最關鍵的原因。這個練習可以幫助我們弄清楚自己為什麼會有這個想法，也等於是在練習回答別人提出的疑問唷！

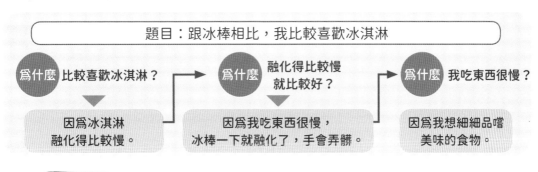

題目：跟冰棒相比，我比較喜歡冰淇淋

為什麼 比較喜歡冰淇淋？
▼
因為冰淇淋融化得比較慢。

→ 為什麼 融化得比較慢就比較好？
▼
因為我吃東西很慢，冰棒一下就融化了，手會弄髒。

→ 為什麼 我吃東西很慢？
▼
因為我想細細品嚐美味的食物。

小提醒

增加詞彙量就能更精準傳達自己的想法，這時可以用玩遊戲的方式問孩子：「這種狀況適合用哪些詞彙形容？」藉以提升孩子的詞彙量。在問「為什麼」的練習中，假如孩子說不出理由，也不用勉強引導他說出答案，請對孩子「努力思考的態度」給予正面評價。

23 只要換了一個空間，我的表現就會變差

社會課校外參訪後，要在視聽教室進行小組發表。我在教室練習的時候都很順利，可是一換到視聽教室，就突然變得好緊張。同學明明都是同一群人，為什麼會這樣呢？

換了一個空間，就會有種「跟平常不同」的感覺，讓人變得緊張。尤其是來到比熟悉的教室更大的空間時，你可能會產生各種疑慮，例如：「我該用多大的聲音講話？」「我該看哪裡才好？」「黑板的高度和平常不一樣！」等等。為了在任何地方都能順利發表，我們可以在練習時事先想像各種地點。

練習　換空間後也能鎮定發表的方法

練習時，可以假裝自己在各種不同的教室裡發表。如果有教室的照片，也可以看著照片練習。只要先演練過一次，就算換了教室，也能順利展現練習成果，不會慌張！

站在臺上時，在什麼角度下才能清楚看見大家的臉？
如果是像體育館一樣大的空間，最後一排聽得清楚我的聲音嗎？
體育館可以容納幾個人呢？
身體要左右轉動多大的幅度，才能清楚環視每個人呢？
也順便想像在視聽教室、音樂教室和自然教室等地方發表的情況吧！

小提醒

練習時預先設想各種不同的空間，可以避免正式上臺時由於不習慣環境而失常。練習時，請具體指導孩子，例如：「請想像一下視聽教室的大小」。

24 只要一吃螺絲，我就講不下去了

我只要吃一次螺絲，就會覺得「我出錯了！」慌張到沒辦法繼續講下去。因為大家都會發現我結巴，我的腦中一片混亂，就忘記自己原本想說什麼了。

結巴其實並不是什麼壞事（請參考第 45 頁）。不過，人只要一結巴，往往就會產生「糟糕！我犯錯了！」的心理，而忘記接下來該說什麼。另外，因為結巴造成注意力中斷，也是原因之一。其實就算結巴也不要緊，請轉換心情，繼續講下去吧！這樣一來，不但可以立刻彌補剛才的中斷，甚至連結巴這件事都能忘記唷！

練習　順利轉換心情的方法

即使發表到一半結巴，也請繼續說下去，不要停住。記得把注意力集中在「我現在應該傳達什麼給聽眾」，而不是「結巴」這件事情。只要多加練習「就算結巴也要繼續講下去」，就能順利轉換心情囉！

我們現在看到蔬果店了。

你知道嗎？這間蔬果店其實還有賣魚喔！

聽說當地的漁夫每天早上都會直接送來新鮮的漁獲。

我也在這間蔬果店買過魚。

這裡賣的魚比超市的更大也更好吃喔！

①假裝自己是電視節目的外景主持人。
②一邊走，一邊實況轉播眼前的景物，持續 1 分鐘，不能中斷。
③請用像是對朋友說話的語氣介紹。
④可以事先想好關鍵字，從關鍵字延伸話題。

平常上學和放學的路上就可以練習。跟同學一起練習，也很好玩唷！

小提醒

起初孩子會詞窮，無法流暢進行實況轉播，此時請鼓勵孩子：「慢慢來，沒關係。」若敘述變得流暢，請誇獎孩子：「你好棒喔！我都沒想到可以這樣講呢！」孩子熟練後，則可以留意孩子將想法轉化為語言的速度。

專欄

利用腹式呼吸使聲音變得宏亮

宏亮的聲音能爲發表者帶來自信，聽眾也自然會想專心聆聽。

讓聲音宏亮的訣竅，就是進行腹式呼吸。腹式呼吸不但能增加吸氣量與吐氣量，更能延長吐氣的時間，幫助我們發出穩定而清晰的聲音，不用一直換氣。

腹式呼吸的意思，並不是把氣吸進肚子。人體的肺部下方有一種叫做橫隔膜的肌肉，當我們吸氣，橫隔膜就會下沉。進行腹式呼吸時，橫隔膜會下沉到更低的位置，讓更多空氣進入肺部，此時內臟受到擠壓，肚子鼓起來，看起來就像是用肚子呼吸一樣，所以才叫做「腹式呼吸」。

來試試腹式呼吸吧！

❶ 躺下來。

❷ 用鼻子慢慢呼吸。

❸ 將雙手放在肚臍下方，距離肚臍約三根指頭的寬度。

❹ 想像自己的肚子和腰部是一個氣球。

❺ 想像自己吸氣時，氣球就會鼓起；呼氣時，氣球就會凹陷。

❻ 把手放在肚子上呼吸。

哼出聲音看看！

❶ 閉上嘴巴，用鼻子哼出「嗯～」的聲音。

❷ 如果鼻子和嘴唇都有振動，就代表成功。

❸ 並不是刻意發出很大的聲音，而是讓整個身體與聲音共鳴。

❹ 增加吐氣量，同時哼得更大聲。

❺ 一邊哼出聲音，一邊慢慢將嘴巴打開，做出「啊」的嘴型。

❻ 保持「啊」的嘴型，讓全身與聲音共鳴。

這個練習可以讓聲音變得更宏亮且更清晰，大家也會聽得更清楚唷！請每天持續練習，訓練發出更悅耳的聲音。

CHAPTER 2

實踐篇

就算發生突發狀況，
也要冷靜克服

25 教室的門忽然被打開，害我忘記要講什麼了！

輪到我發言的時候，某個同學的媽媽忽然開門走進教室，門發出好大的喀啦喀啦聲。我被開門的聲音嚇了一跳，結果忘記自己講到哪裡了，超丟臉的！

突發狀況真的會讓人嚇一跳呢！你之所以會嚇一跳，就表示你原本真的很專心喔！不過，一旦注意力被打斷，我們常常就不知道該怎麼重新集中了。有時候，突發狀況甚至會一直停留在心裡，讓心臟一直噗通噗通跳個不停。現在就讓我們練習調整呼吸，讓自己的心情穩定下來，重新集中精神吧！

練習　處變不驚的方法

遇到突發狀況時，首先請深呼吸一次。接下來請不要看地上，而是面向聽眾、帶著微笑深呼吸。因為大家的注意力也被突發狀況打斷了，你的深呼吸，其實也有幫助大家冷靜下來的作用唷！

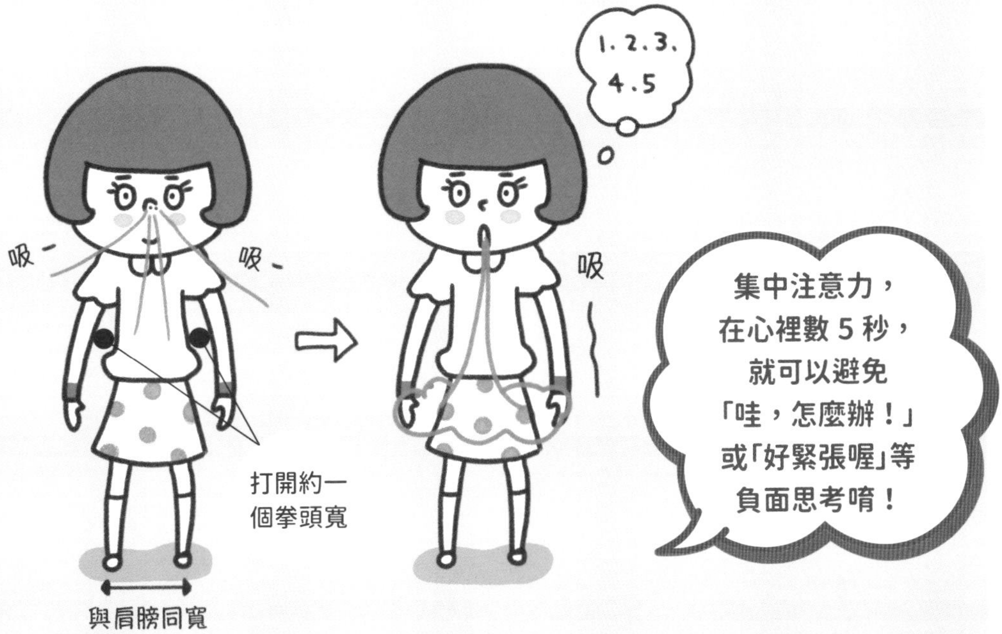

吸～
吸～
打開約一個拳頭寬
與肩膀同寬
1.2.3.4.5
吸
集中注意力，在心裡數 5 秒，就可以避免「哇，怎麼辦！」或「好緊張喔」等負面思考唷！

①雙腳打開與肩膀同寬，腋下也打開約一個拳頭寬。
②揚起嘴角，露出微笑。
③保持微笑，把氣吐光。
④用鼻子慢慢吸氣，接著在心裡一邊數 5 秒，一邊吐氣。
⑤重複兩～三次。

小提醒

發表中遇到突發狀況時，請引導所有孩子一起進行上述呼吸練習。大家一起做，發表的孩子也不會感到孤單，其他孩子也會更樂意替臺上的同學加油。

26 我在發表的時候，突然有人發問！

我在班會報告環保股長的宣導事項時，忽然有同學提出問題！我完全沒料到會被問問題，所以嚇了一大跳。雖然我最後順利回答了，但也嚇出了一身冷汗。要怎麼樣才能沉穩的回答問題呢？

被問到意料之外的問題，任誰都會嚇一跳。尤其是報告到一半時突然被問問題，就算本來答得出來，往往也會因為慌張回答得七零八落。另外，有些問題不能單靠自己的判斷回答，所以更讓人緊張。為了能立刻回應出乎意料的問題或無法立刻回答的問題，練習發表的時候，請同時練習回答問題吧！

練習　如何即時回答突如其來的問題

請家人或同學當採訪者，故意在發表者講話時插嘴提問，不管什麼問題都可以。發表者被問了問題，就一定要回答。假如是無法立即回答的問題，可以把問題記下來說：「我現在沒辦法回答，等一下確認後再回覆。」

學校要求我們把鬱金香的球根種在花壇。
要種在哪個花壇？
中庭，四年三班會在明天午休之後去種。
爲什麼是明天午休之後？
因爲下一節是體育課，我們會在午休時換體育服，種完球根之後，就直接去上體育課。
比起鬱金香，我更喜歡瑪格麗特耶，請問爲什麼要種鬱金香呢？
這個問題我現在沒辦法回答，等我確認之後再回覆。
事先寫下可能會被問到的問題，就能更輕鬆回答唷！

小提醒

一開始孩子通常無法立刻回應，當孩子語塞，請提醒孩子慢慢來，即使孩子花了很多時間才回答出來，也請對其積極回答的態度給予正面評價。多練習幾次，孩子就能更清楚掌握發表內容，在正式上場時表現得更好。

27 發表結束後，我才發現有東西忘了講！

我在發表時不經意看了稿子一眼，赫然發現我有個地方竟然漏講了！我思考著：「是不是應該從漏講的地方重新講一次呢……」結果發表就中斷了……

本來以為發表的內容已經牢記在腦中，到了正式上場時，卻因為緊張而漏掉一些內容——這其實是很正常的。不過，這個時候，如果因為不知所措而中斷發表，聽眾的注意力也會跟著中斷。其實，即使發表內容有遺漏，聽眾也不會知道，接下來就讓我們練習「就算發現漏講或講錯，也不中斷發表」的技巧吧！

練習　如何在不中斷發表的狀況下修正錯誤

假如一直練習「從出錯的地方重新來過」，可能會變成習慣，到了正式發表時，也會從出錯的地方重來。突然從出錯的地方重講一次，聽眾可能會感到莫名其妙唷！請記住下面的循環，練習不要中斷發表。

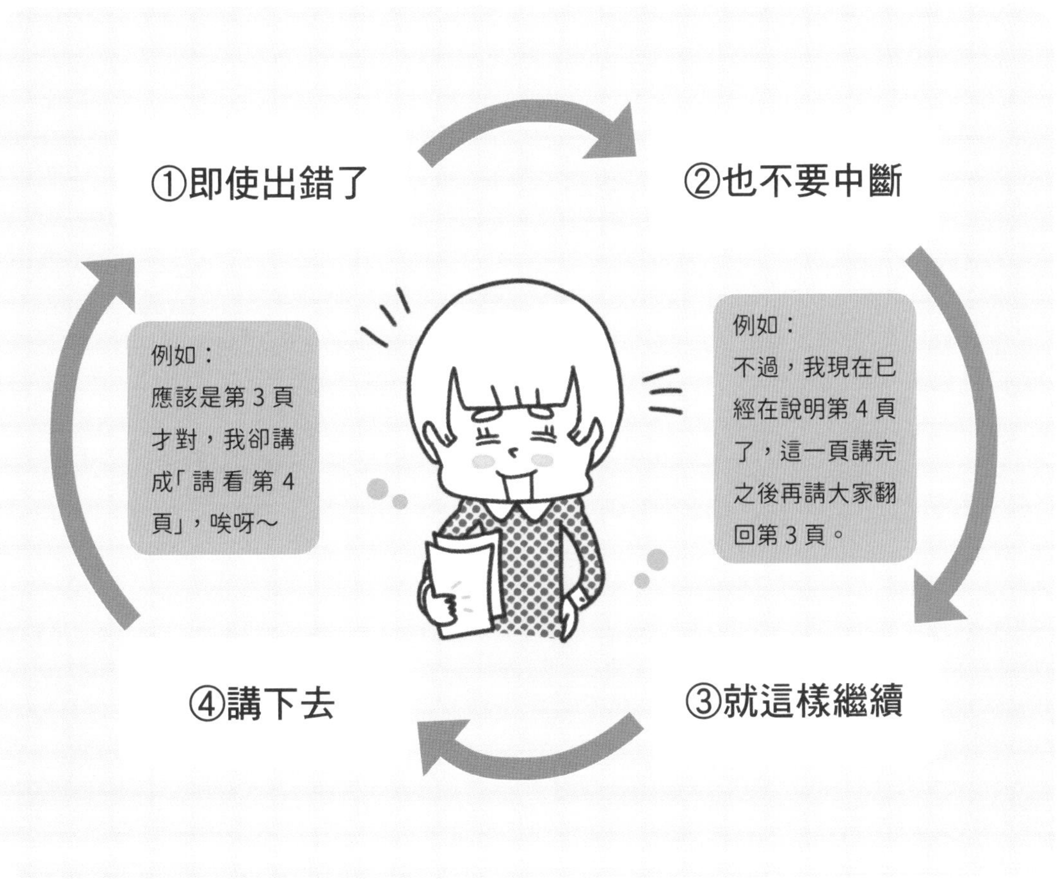
①即使出錯了
②也不要中斷
③就這樣繼續
④講下去
例如：
應該是第 3 頁才對，我卻講成「請看第 4 頁」，唉呀～
例如：
不過，我現在已經在說明第 4 頁了，這一頁講完之後再請大家翻回第 3 頁。

小提醒

「糟糕，漏講了一個地方！」——這種狀況就連大人在報告時也很常見。請讓孩子知道即使出錯也無妨，引導孩子培養一邊繼續講下去，一邊修正內容的能力。擁有修正的能力，不但在遇到突發狀況時能處變不驚，更能提升說明能力與判斷力。

28 講稿漏了一張！我得想辦法拖過時間才行

今天是校內音樂會感想的發表會，本來以為已經做好萬全準備，講稿也寫好了，結果……講稿竟然漏了一張！缺了一張講稿，發表內容就不連貫了！哇，怎麼辦？我該說什麼才好？

準備好的稿子突然不見了，想必會很慌張吧！不過只要充分練習，正式上場時就算稿子不見了，也可以繼續發表。我們可以在練習過程中故意製造突發狀況，增強正式上臺時的臨機應變能力。事先預想突發狀況，還能幫助我們更深入思考並理解發表的內容唷！

練習　應付突發狀況的方法

練習時故意安插一些突發狀況吧！請家人或同學幫忙，在意想不到的時間點製造一些狀況，訓練你的臨場反應。就算無法即時應變也沒關係，就當作是在玩遊戲，繼續挑戰！

試試安插這些突發狀況

①用紙蓋住一部分講稿。

②事先抽走一頁講稿。

③遮住不熟的地方。

④突然把講稿拿走。

因爲突發狀況中斷發表怎麼辦？

- 請先思考要是講到一半中斷了，這部分可以怎麼換句話說，並寫下來。
- 要是在結論的部分中斷了，就表示你並沒有完全理解結論。請再次確認結論如何導出來的，把結論變成自己的東西。

小提醒

意外狀況發生的瞬間，孩子可能會頓時僵住或驚慌失措，可以提醒孩子：「沒關係，試著繼續講下去」、「不用完全照著稿子也沒關係唷！你還記得稿子寫了些什麼嗎？」幫助孩子增強臨機應變的能力。

29 用抽籤決定發表順序，結果我抽到 1 號！

大家用抽籤決定發表的順序，結果我抽到 1 號！完全沒想到我會是第一個……我的頭腦一片混亂，動作也好不自然，發表得爛透了。要怎麼樣才能不這麼緊張呢？

班上有好幾十個人，自己竟然偏偏抽到 1 號，這真的會讓人嚇一跳呢！不過，假如驚訝的心情一直無法平復，頭腦就很容易陷入混亂。身體也是一樣，在驚訝的時候，身體會因為緊張而僵硬，無法隨心所欲行動。想避免遇到意外狀況時過度驚慌，就必須練習放鬆身體，同時讓心情穩定下來。

練習　讓身體和心情穩定的方法

遇到出乎意料的狀況時，請試著練習「敞開身體」，也就是讓身體處於「抬頭挺胸，肩膀自然下垂」的狀態。身體敞開後，呼吸就會比較順暢，情緒也會跟著穩定。換句話說，就是藉由改變姿勢改變心情！

吸
敞開胸口
想像身體膨脹起來
呼
放鬆肩膀
垂下
垂下
保持身體敞開，再搭配緩慢的呼吸，心情就會穩定下來囉！

①閉上眼睛。
②吸氣，想像身體充滿空氣，膨脹起來。
③感覺身體慢慢挺直。
④挺直身體後，想像胸口也慢慢敞開。
⑤一口氣「呼！」一聲吐氣，同時垂下雙肩。

小提醒

練習敞開身體，就能沉穩進行發表。放鬆肩膀的時候，請注意不要駝背，雙手自然下垂在身體兩側。這個動作只需要花10～15秒，可以讓孩子養成習慣，在上臺的前一刻進行，就能轉換心情，靜下心發表。

30 一心想著不要慌張，反而更慌張了！

小咪發表得好棒喔！下一個就輪到我了，排在小咪的後面真的很倒楣。只希望我不要太慌張，啊！怎麼辦，一這麼想，反而更緊張，不知道該講什麼了！

越是想著不要慌張，反而越是緊張不安，因為當我們一心想著「不要慌張」的時候，腦中其實是在想像自己慌張的模樣。所以，假如不想驚慌失措，就請拋開發表的內容，把注意力集中在身體和呼吸上吧！

練習　讓恐慌的頭腦恢復冷靜的方法

請想像自己的身體是一顆氣球，讓身體和呼吸連動。不管是坐著、站著，或是等待上臺的時候，都可以做這個訓練。把注意力集中在身體和呼吸上，就不會想像驚慌失措的自己了。

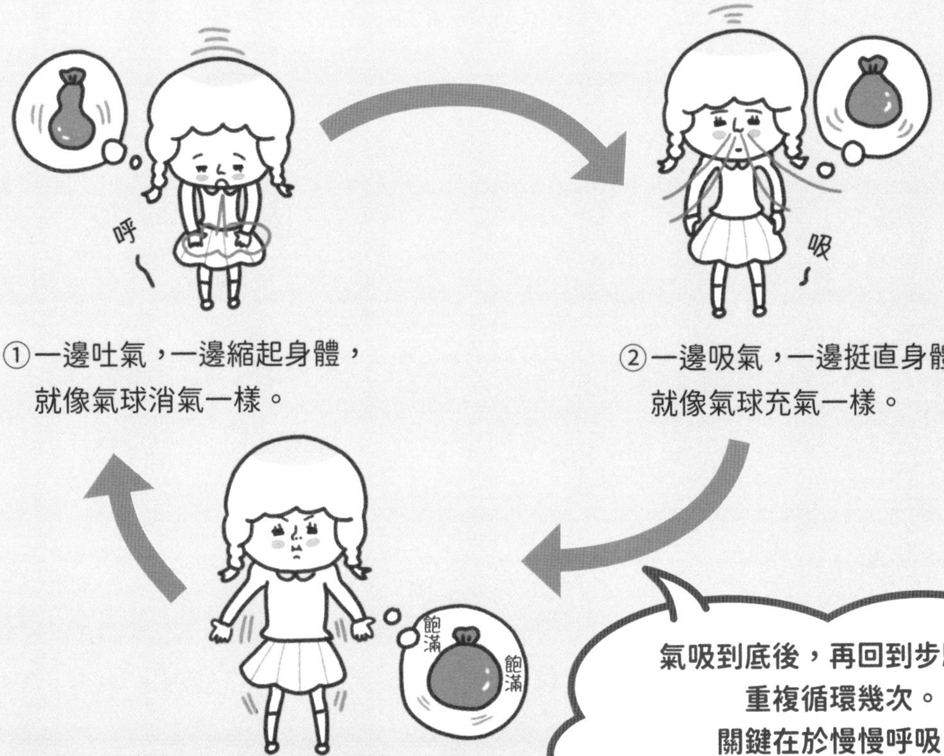

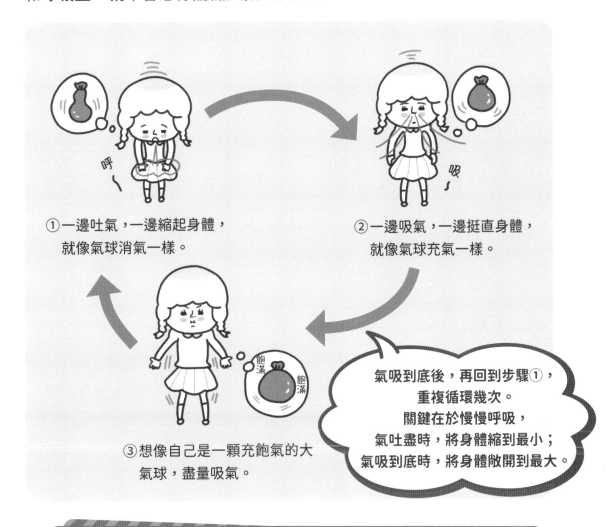

①一邊吐氣，一邊縮起身體，就像氣球消氣一樣。

②一邊吸氣，一邊挺直身體，就像氣球充氣一樣。

③想像自己是一顆充飽氣的大氣球，盡量吸氣。

氣吸到底後，再回到步驟①，重複循環幾次。關鍵在於慢慢呼吸，氣吐盡時，將身體縮到最小；氣吸到底時，將身體敞開到最大。

小提醒

此運動亦有讓身體暖和起來的作用，能促進血液循環，頭腦也會更清晰。如此一來，就能防止恐慌，帶著沉穩冷靜的心情等待上臺。這個練習隨時隨地都可以進行，指導孩子時請務必一試。

31 講稿翻頁翻不好，慌張得不知所措！

今天是小組發表的日子，原本都很順利，可是發表到一半時，竟然有兩張稿子黏在一起翻不開！莫名其妙中斷了發表，害我慌了起來……為什麼我老是這麼容易慌張啊！

有些人天生就容易緊張，有些人則不會。容易慌張的人，通常很害怕也討厭失敗或突發狀況。另外，也有很多人是因為注意力太集中，無法冷靜判斷周遭的環境才陷入恐慌。如果你覺得自己比較容易緊張，就請試試看「同時進行許多動作」的練習吧！

練習　冷靜面對各種問題的方法

上臺發表時，通常必須一邊說話、一邊翻稿子和指資料，同時進行很多動作。因此，我們接下來要進行的就是「同時做很多事情」的訓練。只要持續練習，遇到問題時就能冷靜應對唷！

①準備課本、筆記本和鉛筆。
②隨便翻開課本，把那一頁的內容抄在筆記本上。
③一邊抄課文，一邊和同學聊天。
④如果開始覺得慌張，就先暫停，深呼吸一次之後再繼續。

抄課文的手不可以停下來，聊天也不可以中斷唷！

小提醒

此練習的目的，是讓孩子習慣突發狀況，培養冷靜調整行動的能力。透過練習，原本無法自然的一邊報告，一邊在黑板寫下關鍵字或貼海報的孩子，也能慢慢做到，發表也會更流暢。

32 視線忽然和朋友對上，頓時好害羞

唉！今天又輪到我當值日生了。我最討厭值日了，因為值日生都要上講臺報告。之前在宣布功課表的時候，視線不小心跟坐在第一排的小健對上，害我當場覺得好害羞，忍不住低下頭。

視線忽然和別人對上時，常會因為害羞而驚慌失措。不管是繼續注視對方，或是把視線移開，好像都有點沒禮貌，可是又不知道該看哪裡好，最後變得更緊張。其實有一個技巧，可以在視線沒有接觸的狀況下，讓對方以為你正在看著他喔！

練習　技巧性環視聽眾的方法

如果你和聽眾四目相接會感到害羞，只要提醒自己「用額頭看大家」，就可以安心發表囉！換句話說，也就是左右轉頭，讓額頭朝向大家，但眼睛只要保持直視正前方就好。這樣一來，大家就會覺得你有注視著他們了！

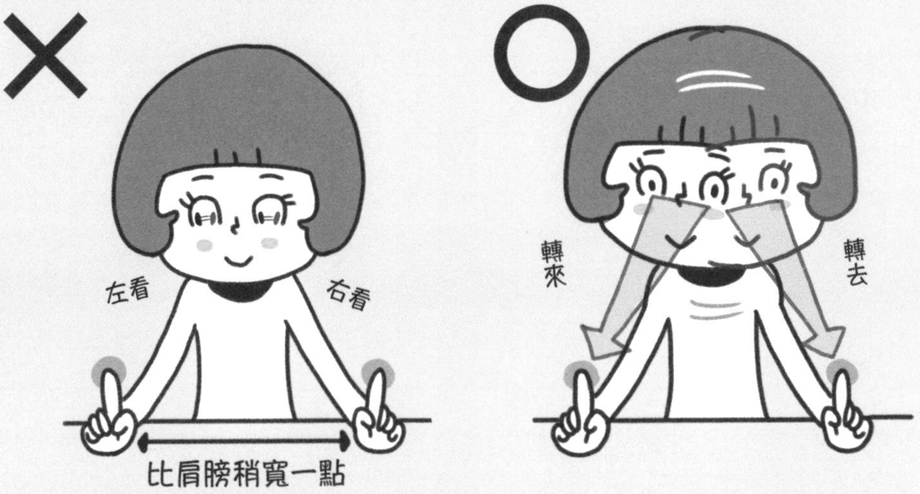

像平常一樣只轉動眼睛

①雙手打開得比肩膀稍寬一點，伸向前方，豎起雙手的食指。
②只轉動眼睛，以右→左→右→左的順序輪流看左右兩手的食指。

轉動額頭

①想像你的額頭正中央發出一道雷射光。
②保持眼睛直視正前方，並轉動額頭，讓雷射光輪流射向雙手的食指。

小提醒

將額頭轉向聽眾時，會大幅度左右擺頭，因此聽眾會覺得發表者的視線與自己對上，另外，距離較遠的聽眾也能更清楚看見發表者。發表者將注意力集中在額頭，也不會過度在意聽眾。

33 同學的鉛筆盒掉在地上，突然瞬間忘記講到哪裡

上次的班會由我當司儀，講到一半時，忽然傳來好大聲的「喀啦」，好像是弘美的鉛筆盒掉了。我嚇了一大跳，心臟跳個不停，結果就忘記該講什麼了。要怎麼樣才能冷靜下來，繼續主持班會呢？

鉛筆盒掉到地上的聲音很大，真的會讓人嚇一跳呢！驚嚇的時候，我們會心跳加速，這和緊張時感覺到的心跳加速其實是一樣的。我們明明不緊張，但嚇一跳的時候，身體會誤以為我們很緊張，自動變得僵硬。只要一慌張，就會忘記原本該講的內容。現在，就讓我們練習如何在嚇一跳之後立刻冷靜下來吧！

練習　嚇一跳之後恢復冷靜的方法

為了培養在嚇一跳之後立刻恢復冷靜的能力，我們可以利用氣球玩「聯想遊戲」，也就是在不知道氣球什麼時候會破掉的緊張情緒下，練習冷靜說話。請抱著輕鬆的心情來玩玩看吧！

①將氣球灌滿氣。
②在氣球上貼許多透明膠帶。
③依序將透明膠帶撕下，同時進行聯想遊戲。
④就算氣球破了，遊戲也要繼續進行喔！

小提醒

聯想遊戲最適合用來練習說話，請盡量讓孩子以玩遊戲的方式進行。孩子語塞時，可以對孩子說：「加油！」鼓勵孩子；氣球破掉之後，請讓孩子再玩一次，盡量避免形成「氣球破掉＝失敗」的印象。

34 本來要一起發表的同學竟然請假……我一個人要怎麼發表？

今天國語課要發表感想，沒想到本來要跟我一起發表的小愛，竟然因為感冒請病假。我又緊張又害怕，結果發表得超爛……本來想連小愛的份一起好好表現的說……

臨時變成必須自己一個人發表，真的會讓人很不安。這是因為，假如事先說好和同學一起發表，我們往往就會不自覺倚賴對方。有人一起上臺當然會讓我們比較安心，可是反過來說，萬一對方臨時缺席，自己一個人很可能就沒辦法應付了。所以在練習的時候，就應該先做好準備，讓彼此都可以單獨發表。

練習　如何在夥伴臨時缺席時也能充分展現練習成果

害怕臨時單獨發表，主要是因為不熟悉對方負責的內容，講到對方負責的部分時，就會不知所措。練習時，請和夥伴輪流互換角色，模仿對方的動作和用詞。也可以事先想好可能會被問到什麼問題，融入練習裡唷！

①交換講稿。
②模仿對方站立的位置和講話的節奏等等。
③在角色對調的狀態下，互相提問和回答。
④持續練習，直到彼此都能從頭到尾單獨發表。

小提醒

對調角色之後再練習，不但可以掌握對方負責的部分，更能客觀檢視自己負責的部分。經過此練習，在多人一起發表時，倘若有人出錯，其他組員就能立刻補救。

35 大家的目光都集中在我身上，讓我忍不住發抖

我參加了兒童會選舉*，在政見發表的時候……哇，全場的人都注視著我，害我全身僵硬。我本來是想搭配肢體語言，活潑發表演說，結果卻……我該怎麼辦呢？

＊編註：類似臺灣的兒童自治市長或學生會。

大家的視線突然集中在自己身上，一定超緊張的吧？緊張的時候，為了保護自己，我們的身體會變得僵硬，這種現象叫「防衛機制」，是一種自然的反應。可是話說回來，發表的時候，也不可能叫聽眾不要看發表者吧？所以，我們可以在身體因為緊張而變得僵硬之前，先做一些伸展操！這可不是一般的伸展操喔！進行伸展的時候，我們要想像自己身在寧靜的海邊。

練習　上臺前緩解緊張情緒的方法

讓我們放鬆身體之後再上臺吧！這個伸展操的特色，在於它並非單純的伸展，而是要一邊想像寧靜的海邊，一邊伸展。當你的心靜下來，身體也放鬆了，自然就有勇氣面對聽眾。讓我們一起挑戰「想像伸展操」吧！

來想像一下吧！

你現在身在一片寧靜的海邊，四周什麼都沒有，只有「沙～沙～」的海浪聲，海灘暖暖的，海風很舒服。

想像完之後，再開始做伸展操

①轉動因為緊張而聳起的肩膀。

②把頭倒向左右兩側，舒緩緊繃的喉嚨。

③手腕也很容易僵硬，請甩甩手，放鬆手腕。

小提醒

「想像伸展操」無論站著或坐著都可以進行，假如一直把注意力放在「上臺對大家說話」這件事情，等於是在情緒緊張的狀態下進行伸展，無法充分放鬆身體。只要善用想像力，就能幫助放鬆。

36 發表時，不知道該把視線擺在哪裡

在同樂會上發表的時候，老師提醒我：「記得環視整間教室喔！」可是，究竟要在什麼時候看哪裡才對呢？結果我還是像平常一樣，從頭到尾都只看著自己手上的講稿……

發表的時候，如果能抬起頭來環視整間教室，而不是低頭看手裡的稿子，就能讓同學聽得更清楚。不過如果你一下看這裡、一下看那裡，一直左顧右盼，說不定反而會讓人覺得你不穩重。在教室這種大空間發表的時候，可以事先決定幾個視線要停留的點，依序看這些地方就好囉！

練習 自然環視教室的方法

請想像教室裡有一個菱形，四個頂點分別是第一排中間、最後一排中間、最左排中間和最右排中間。接著慢慢轉頭，輪流望向菱形的四個頂點，這樣一來，大家就會感覺你在環視全場了！

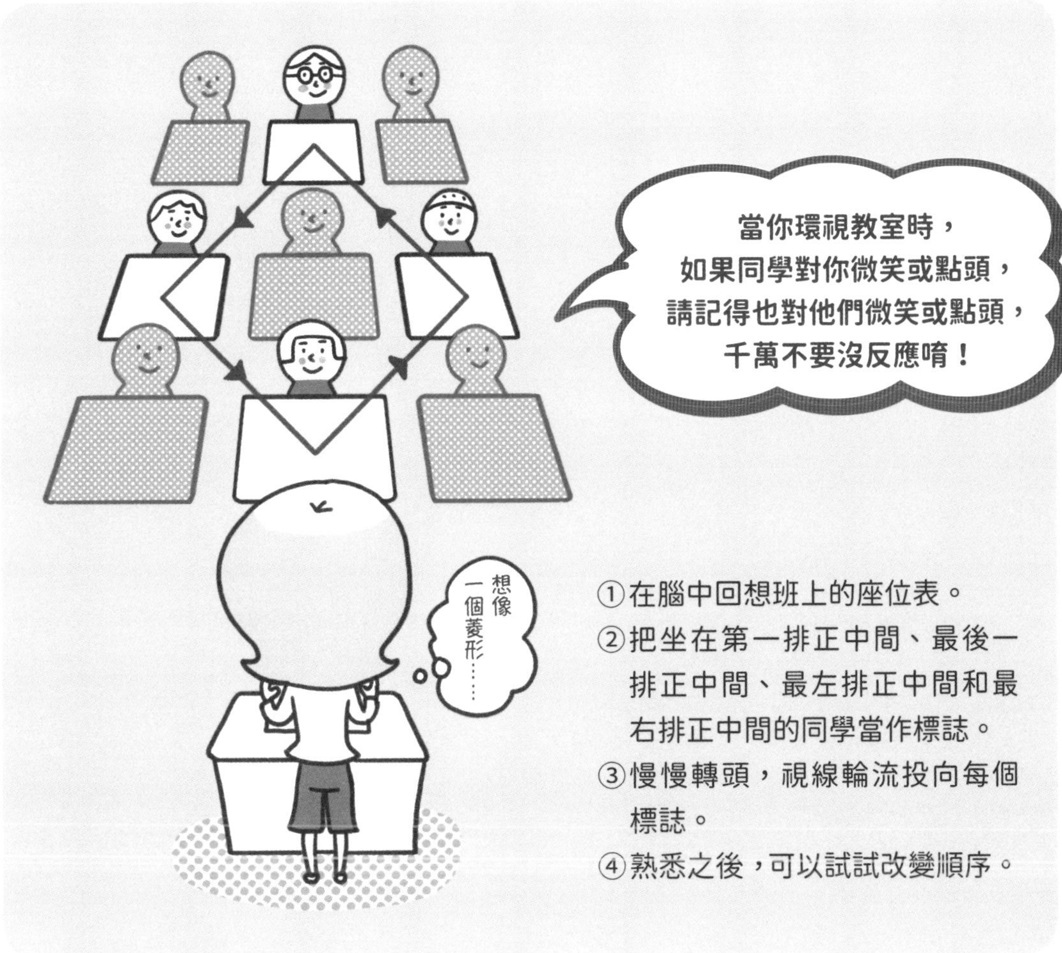

當你環視教室時，
如果同學對你微笑或點頭，
請記得也對他們微笑或點頭，
千萬不要沒反應唷！
想像一個菱形……
①在腦中回想班上的座位表。
②把坐在第一排正中間、最後一排正中間、最左排正中間和最右排正中間的同學當作標誌。
③慢慢轉頭，視線輪流投向每個標誌。
④熟悉之後，可以試試改變順序。

小提醒

若事先規定「當發表者望向自己的時候，聽眾必須點頭或用微笑來替發表者打氣」，孩子就會更樂意做出反應，使發表更熱絡。負責發表的孩子如果能實踐第 72 頁（練習 32）的內容，效果就會非常好。

37 大家的反應好冷淡，是不是我講話很無聊！？

上次討論校慶活動的時候，由我負責主持，結果大家看起來好像很無聊……我講到一半停下來問大家：「有沒有問題？」也沒人舉手，是不是我講話太無聊了呢……？

上臺說話的時候，確實會很在意大家的反應。如果大家都一臉嚴肅或面無表情保持沉默，臺上的人當然會懷疑大家是不是沒在聽自己講話，或是擔心自己講話是不是很無聊。不過，其實大家都有認真在聽唷！讓我們觀察自己的表情驗證一下吧！

練習　不受聽眾反應影響的方法

在鏡子面前練習，仔細觀察自己的表情。

①打開電視看新聞，並且把鏡子放在旁邊，不時觀察自己的表情。你露出的是什麼表情呢？就算很認真的聽電視裡在講什麼，是不是也會一臉嚴肅，或是面無表情呢？

你應該會發現自己其實沒什麼表情吧？看新聞的時候，播到好笑的新聞可能會笑，但大部分的時候，即使有認眞聽，表情看起來應該都很無趣吧？大家在聽你發表的時候也是一樣唷！

聳起雙肩 一臉嚴肅	夾緊腋下	放鬆雙肩 面帶笑容	腋下打開 約一個 乒乓球大小

②站在鏡子前，注視自己1分鐘。請寫下兩種姿勢看起來各有什麼感覺、有什麼不同。

這就是你緊張和放鬆的模樣。發表者一緊張，聽衆也會跟著緊張。你覺得能讓聽衆比較放鬆的是哪一種姿勢呢？不管聽衆的反應如何，發表的時候，請盡量保持放鬆的姿勢。

小提醒

聽別人說話時，有時即使自認為已經做出了反應，但對方可能仍難以察覺。因此，講話的一方必須理解「對方即使認真聽講，有時也會面無表情或一臉嚴肅」，如此一來，當自己成為聽眾時，就會提醒自己更用心給予講者回饋。

專欄

口齒清晰大作戰！

如果發表者口齒（發音）不夠清晰，聽眾就可能會因爲聽不懂內容感到煩躁，無法專注聽講。

我們的舌頭和嘴巴都是由肌肉構成的，就像有時我們想要全速狂奔，身體卻不聽使喚一樣，舌頭和嘴巴的肌肉，有時也會無法隨心所欲。因此，在發表之前，請一定要練習發音喔！

最簡單的發音練習

ㄅ	ㄆ	ㄇ	ㄈ	ㄉ
ㄊ	ㄋ	ㄌ	ㄍ	ㄎ
ㄏ	ㄐ	ㄑ	ㄒ	ㄓ
ㄔ	ㄕ	ㄖ	ㄗ	ㄘ
ㄙ	ㄧ	ㄨ	ㄩ	ㄚ
ㄛ	ㄜ	ㄝ	ㄞ	ㄟ
ㄠ	ㄡ	ㄢ	ㄣ	ㄤ
ㄥ	ㄦ			

❶ 清楚的慢慢唸出表格中的每一個發音。

❷ 用兩倍的速度清楚的再唸一次。

❸ 在比較難唸的地方做記號。

❹ 再次練習做記號的部分。

❺ 反覆朗讀全文。

重點

・嘴型盡量誇張一點！

・帶著笑容朗讀，聲音會變得更清澈唷！

・假如覺得臉和嘴巴周圍的肌肉很痠，就表示確實運動到了。

假如能每天練習，只要持續一個月，原本唸得不順的地方，一定也能變得流暢。請持續練習，體驗逐漸進步的樂趣。

CHAPTER 3

應用篇

讓聽眾也有參與感，使發表變得更熱鬧

38 稍微「停頓」一下，聽眾就比較容易點頭！

我一緊張，講話速度就會變快，每次發表的時候，我都會一口氣很快講完，一回神，才發現大家的反應很冷淡……要怎麼樣才能讓大家有反應呢？

發表的時候，如果大家邊聽邊點頭或微笑，我們一定會很高興，也會感到安心。請回想看看你和同學聊天時的情景，當你想聽對方的意見或感想時，是不是會不自覺等一下？這個「等待對方說話」的時間，就是「停頓」。發表的時候，如果能巧妙運用「停頓」，就能引起大家的注意喔！

練習 如何有技巧的停頓

讓我們一起練習怎麼在發表中加入停頓吧！假如太在意「停頓」，發表時可能會擔心自己停頓的時間點是否很奇怪，不過，其實就算停頓得很頻繁，也完全不會奇怪唷！

預設大家一定都會點頭，每講一句話就停頓一下，該停頓多久，請參考自己點頭所需要的時間。

今天，我要說的是關於我家狗狗的故事。

停頓，心想：「哇──我最喜歡狗狗了！」

我家的狗，牠的名字叫做「巧克力」。

停頓，心想：「好可愛的名字喔！」

巧克力的名字，其實是我爸爸取的。

停頓，心想：「咦？爸爸取的？好意外喔！」

練習時，可以自己實際點點頭，或是在心裡講一些話附和，就更能掌握停頓的節奏了！

小提醒

停頓的時間只要在 3 ～ 5 秒之內，就不會讓人覺得奇怪。練習時，聽眾可以幫忙計時或實際點頭，協助發表者掌握停頓的節奏。請提醒孩子，有時發表者可能會覺得停頓的時間有點長，但對聽眾來說其實是很自然的。

39 聽眾如果有反應，就用「三倍回應」對方！

我問大家：「那就決定用這個當下學期的目標囉！這樣可以嗎？」大家都用力點頭表示贊同。我不但覺得好安心，也好高興。可是，我該怎麼回報大家的反應呢？只要微笑就好了嗎？

人與人之間的對話，是在彼此有所互動的狀態下成立的。假設你告訴朋友：「我喜歡上一個人了……」想跟對方商量，結果對方卻一臉沒興趣的說：「是喔。」你是不是會覺得很受傷呢？假如對方驚訝地笑著說：「咦——！真的嗎？是誰？是誰？」你是不是會很開心，想繼續說下去呢？發表也是一樣，如果你用三倍的反應回報，聽眾的反應就會更熱烈喔！

練習　讓發表比平常熱烈三倍的方法

看到同學做出反應時，請用三倍的反應回應！這樣一來，對方就會覺得你在對他說話，更專心聽你發表唷！

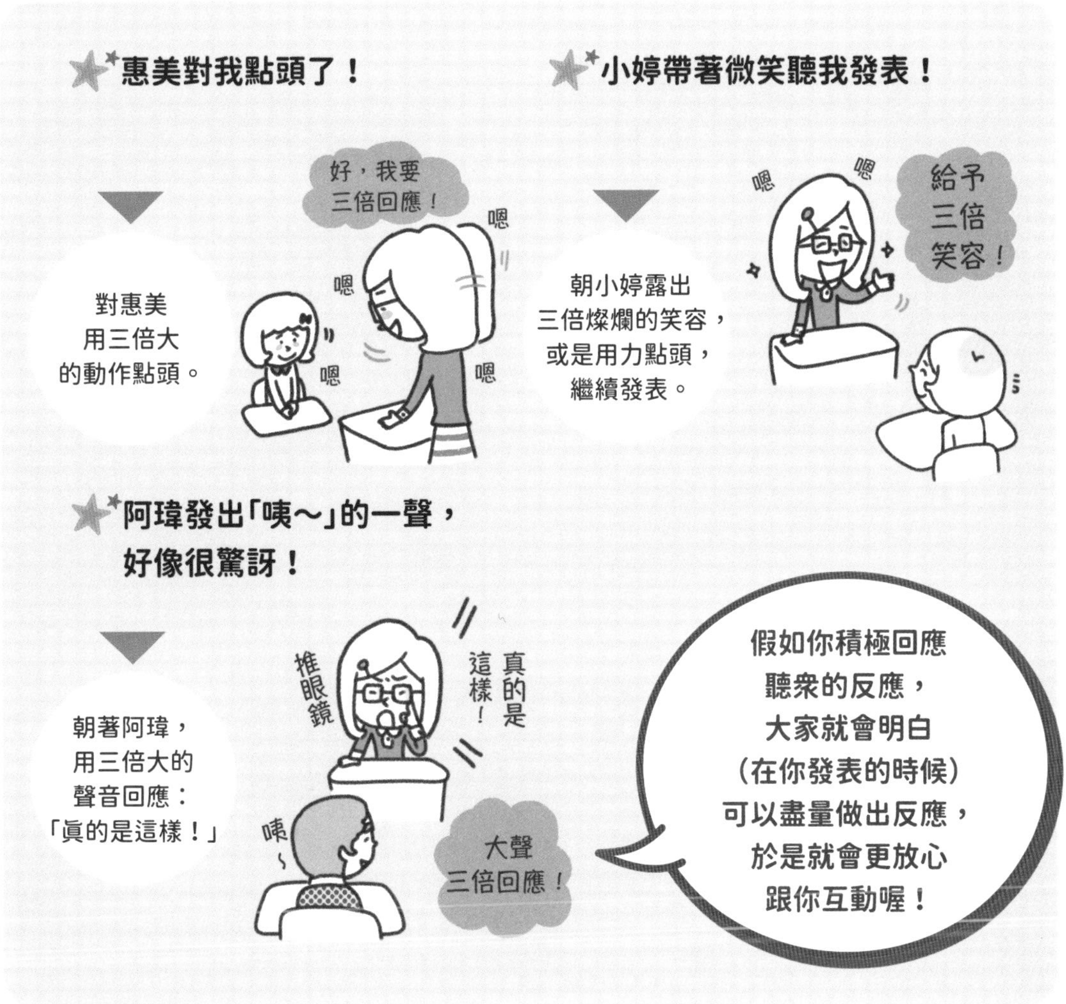
惠美對我點頭了！
好，我要
三倍回應！
嗯
嗯
嗯
嗯
對惠美
用三倍大
的動作點頭。
小婷帶著微笑聽我發表！
嗯
嗯
給予
三倍
笑容！
朝小婷露出
三倍燦爛的笑容，
或是用力點頭，
繼續發表。
阿瑋發出「咦～」的一聲，
好像很驚訝！
推眼鏡
真的是
這樣！
咦～
朝著阿瑋，
用三倍大的
聲音回應：
「真的是這樣！」
大聲
三倍回應！
假如你積極回應
聽眾的反應，
大家就會明白
（在你發表的時候）
可以盡量做出反應，
於是就會更放心
跟你互動喔！

小提醒

當發表者對聽眾的細微反應做出回應，聽眾便會更願意互動。
第一步可以先注意聽眾有沒有點頭，再慢慢練習和聽眾互動。

40 保持高昂的情緒，讓氣氛熱烈到最後一刻！

每次發表時，剛開始我都充滿活力，可是過了 5 分鐘之後，就會發現大家好像都沒反應，所以我也越來越沒精神。到底要怎麼樣，才能從頭到尾都精神奕奕的發表呢？

發表時最重要的，就是讓自己的情緒保持高昂，不必太在意周遭。因為聽眾的反應會隨著發表者的情緒起伏，要是連你都無精打采，聽眾的反應當然也會變差；相反的，假如你一直活力充沛，聽眾直到最後也都會給你熱烈的回應唷！

練習　使聽眾情緒高昂的方法

情緒是肉眼看不見的東西，不過自己的情緒是高昂還是低落，可以從當下的感覺來判斷。而且，情緒其實是可以自由控制的唷！請透過練習，讓自己盡量保持高昂的情緒吧！

★各種情境下的情緒等級

①在腦中想像一個刻度 0 ～ 5 的汽車時速表。
②什麼時候你的情緒會到達最高昂的 5？什麼時候你的情緒會是最低落的 0 呢？請寫下各個刻度的情境。

★情緒等級 0

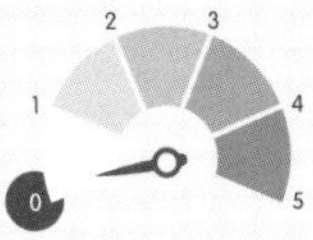

例如：
一早就被媽媽罵的時候。

★情緒等級 1

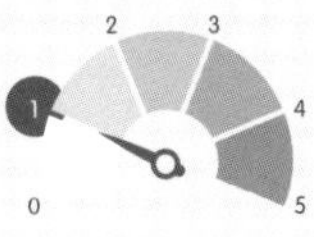

例如：
老師出了很多功課的時候。

★情緒等級 2

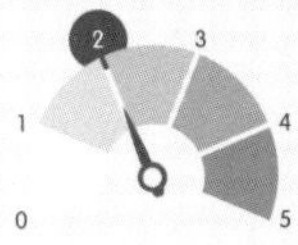

例如：
發呆時。

★情緒等級 3

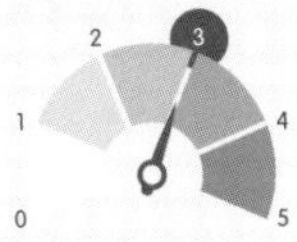

例如：
吃到喜歡的點心的時候。

★情緒等級 4

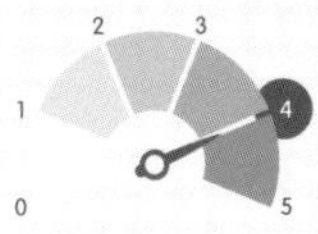

例如：
跟朋友開心聊天的時候。

★情緒等級 5

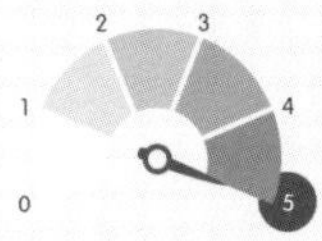

例如：
近距離看到偶像的時候。

**只要讓情緒維持在 3 以上，聽眾的反應就會比較熱烈唷！
練習發表的時候，請回想等級 3 以上的情境
帶給你的感受和愉快的心情。**

小提醒

每個人的情緒反應都不同，寫下自己在各種情境下的情緒，有助於決定情緒基準。自己的感覺與客觀的印象往往有落差，請引導孩子慢慢消除這種落差。

41 對大家「喊話」，讓大家有參與感

我在發表自訂主題研究成果的時候，問大家：「有沒有問題？」結果大家一片沉默。我本來希望大家踴躍問問題的……該怎麼做，才能炒熱氣氛呢？

發表的時候，最重要的就是讓聽眾擁有「自己也參與其中，並不是單方面聆聽而已」的感受，也就是參與感。在剛開始發表，或是希望大家有反應的時候，可以提出問題，請大家透過舉手或點頭、搖頭來表示意見，這就是所謂的「喊話」。如果大家能一起做出反應，現場的氣氛就會變得更輕鬆自在唷！

練習　如何營造讓人願意互動的氣氛

只要對大家「喊話」，讓大家同時做出回應，就能提高聽眾的參與感，接下來會更容易產生互動唷！練習發表的時候，請先想想可以在什麼時間點，向聽眾做出什麼樣的「喊話」。

想想看，你的發表內容有沒有適合讓大家一起舉手或點頭、搖頭的話題呢？請把它寫下來。

・大家可能都不知道的事情
・大家可能都知道的事情
・可以回答喜歡／討厭的事情
・可以回答是／否的事情
以上都是適合提問的問題。

練習的時候，請實際「喊話」看看。

知道「小紅帽」這個故事的人請舉手。

謝謝，看起來大家都知道呢！今天我要講的，就是「小紅帽」等有名的童話故事。

假如你的問題是：「大家覺得○○怎麼樣？」大家就會不知道該怎麼回答。重點在於清楚說出你對聽眾的要求，例如：「○○的人請舉手」。

小提醒

善用「喊話」技巧，不但能讓發表更活潑，聽眾的反應也會變好。起初任誰都會害羞，若能由大人率先積極回應「喊話」，孩子就會更放心的做出回應。

42 利用「小問題」促進互動

上次班會時，我們討論了今年才藝發表會的主題。大家雖然有些微的反應，例如點頭或拍幾下手，但都沒有表達意見。要怎麼樣才能營造出大家願意討論的氣氛呢？

不管是什麼意見，要主動說出來都需要勇氣。想營造讓大家比較願意發言的氣氛，就必須做好暖身活動。只要出個小問題請同學回答，就能改善氣氛，讓全班都更願意提出意見唷！請想想看有沒有和自己的發表內容相關，同時又能讓全班一起回答的問題吧！

練習　讓討論更熱烈的方法

剛開始討論的時候，假如先問一些和主題有關的問題，大家就更能掌握接下來討論的方向唷！而且，如果先請大家用舉手的方式表達意見或回答問題，接下來請大家發言的門檻也會降低許多。

① 每個人都答得出來的問題

我們現在在什麼縣市？
今天營養午餐的菜色是什麼？
我們的班導姓什麼？

② 指定同學回答

佳惠，我們現在在什麼縣市？

③ 同學回答後，請向同學道謝

謝謝妳，佳惠！

如果是簡單的小問題，大家就會踴躍回答；就算指名某個同學，對方也一定回答得出來。同學回答之後，請記得說出那位同學的名字，向他道謝，這樣一來你和聽眾之間就會產生信賴關係，互動也會更熱絡！

小提醒

請聽眾回答小問題，可以讓聽眾習慣「在眾人面前表達意見」。此外，聽見提問，其他人就會萌生「我說不定也會被問到」的心理，而更仔細聽講，進而使討論更為熱絡。

43 用「對話」的方式把內容演出來！

我在暑假活動發表會上，分享了我和小佳一起去看祭典的經過，可是講得不好。後來小佳也分享了同一件事，但她講得好有趣，大家反應好熱烈。為什麼我發表的時候就沒有這麼熱絡呢？

你是不是只有單純依照時間順序，把發生的事情說出來而已呢？如果是這樣，大家就沒辦法想像祭典的熱鬧和歡樂氣氛，所以反應冷淡也是很正常的。請把你們在祭典上的對話一字不漏的加進發表裡看看！大家一定會被這段話吸引，更專心聽你發表喔！

練習 帶有戲劇張力的敘述方法

下面兩個例子，你覺得哪個比較容易想像「一生氣就變得超恐怖的媽媽」呢？融入實際的對話，就能讓發表變得更生動唷！

題目：一生氣就變得超恐怖的媽媽

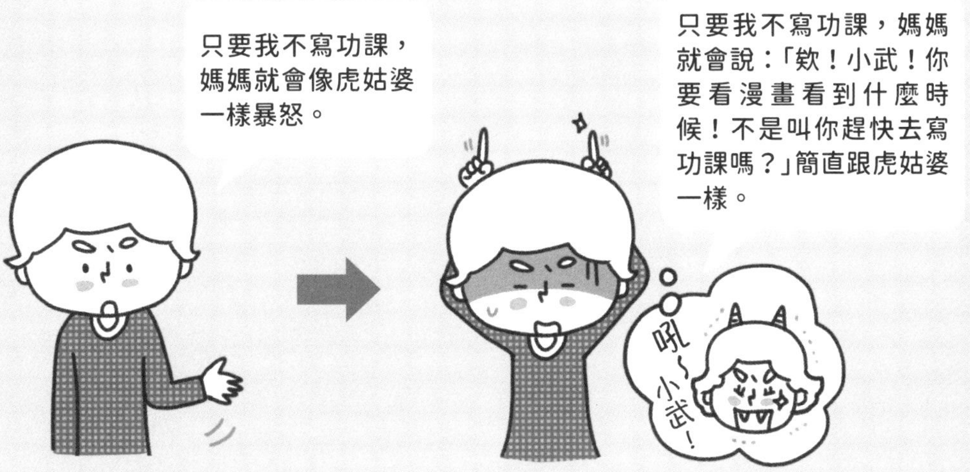

只要我不寫功課，媽媽就會像虎姑婆一樣暴怒。
只要我不寫功課，媽媽就會說：「欸！小武！你要看漫畫看到什麼時候！不是叫你趕快去寫功課嗎？」簡直跟虎姑婆一樣。
吼~小武！

用對話的形式表達特別想強調的部分

・對話的形式只限定用在特別想強調的部分，請盡量把感情表現出來！

練習時請大聲說出來

・可以配合對話內容適度轉向，這樣就能更清楚表現是誰在講話唷！
・分享自己的體驗時，如果能表現出當時的感情，就會更有臨場感！

小提醒

若光是口頭說明，聽眾即使能理解概要，也很難有臨場感。把對話融入發表中，聽眾就更容易想像，也會對發表內容更感興趣，發表者本身也更容易回想起當時的心情，讓發表變得更生動。

44 用特別的問候方式引起大家的反應

上次同樂會由我擔任主持人，我想炒熱氣氛，所以在打招呼的時候大聲喊：「大家好！」……結果大家的反應有點冷淡。到底該怎麼做才好呢？

有時候就算精神飽滿的大聲問候，得到的反應可能也不如預期。這是因為大家隱約覺得出聲回應好像有點尷尬，心想：「假如只有我一個人大聲回應，感覺好丟臉」「咦？大家都不回應嗎？這樣可以嗎？」所以我們首先該做的，就是讓大家安心。只要調整最後一個音（尾音）的音調，同學的反應就會出現變化唷！

練習　讓同學更有反應的問候方法

一樣是「大家好」這句話，尾音不同，大家的反應也會不一樣喔！如果是用平常講話的音量說「大家好」，大家一定只會用差不多的音量回應。可是假如像「大家好～～～！」這樣，把句尾的「好」往上揚，聽眾就會熱切回應唷！

用各種音量和語調說「大家好」，找出最容易引起反應的方法！

①輕聲說「大家好」

感覺怎麼樣？

②很快的說「大家好」

感覺怎麼樣？

③拉長尾音說「大家好——」

感覺怎麼樣？

④用力說「大家好！」

感覺怎麼樣？

⑤稍微拉長尾音，充滿活力的說「大家好～！」

感覺怎麼樣？

還有什麼語氣，可以讓大家更容易產生回應呢？

小提醒

我們雖然無法控制聽眾的反應，但是可以想辦法讓聽眾更願意做出反應。假如第一次問候時的反應不佳，可以再說一次「大家好！」以鼓勵聽眾回應。當聽眾覺得「原來可以放心回應」，就會更願意互動。

45 安排朋友當暗樁，幫忙炒熱氣氛

職場參觀後的小組發表會上，我們這組決定一人做一張海報來發表。練習後，我發現在自己發表的時間以外，好像都沒事做，其他同學好像也一樣，有沒有什麼解決辦法呢？

小組發表採取的形式，大多是全組同學排排站在臺上，輪流發表。一個組員在報告的時候，其他組員往往只是站在那裡，於是聽眾就會不敢對發表的內容做出反應。為了讓大家更有參與感、發表更熱鬧，可以安插組員融入聽眾之中，聽眾就會更積極做出反應囉！

練習　同心協力炒熱氣氛的方法

請組員分別站在教室的前後，組員發表的時候，其他組員請積極做出反應，炒熱氣氛。故意跟正在發表的組員講話，也很有趣唷！相信大家也會對你們的報告內容更有興趣。請所有組員一起討論站在哪裡比較方便炒熱氣氛，並畫出位置圖。

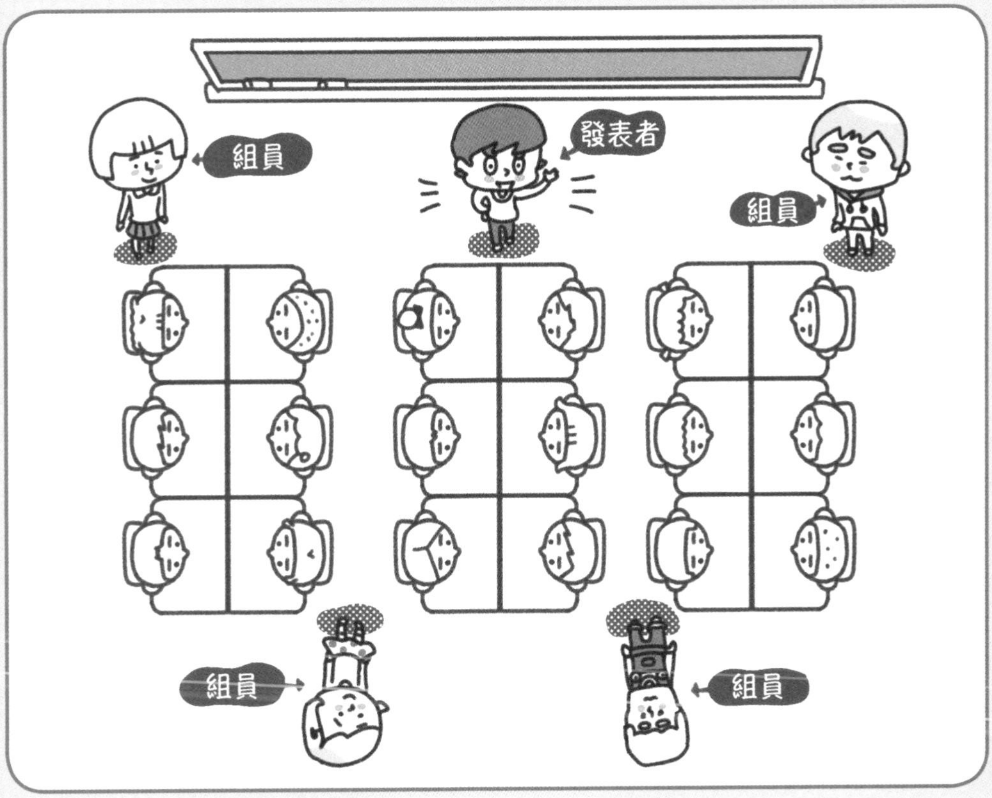

小提醒

小組發表時，假如組員不知道該如何炒熱氣氛，可以在發表者上臺後率先熱烈鼓掌。透過掌聲替發表者加油打氣，就能讓整場發表更熱鬧。

46 模仿老師在教室走動！

我在發表「1 分鐘短講」的時候，坐在前面的同學都很認真聽，還問我問題，可是坐在後面的同學卻好像興趣缺缺，也不問問題。有沒有什麼辦法可以讓坐在後面的人也認真聽呢？

教室的前面和後面，反應真的差很多呢！坐在後面的人離發表者比較遠，可能會聽不清楚發表者的聲音，或看不到發表者的動作，所以很難融入。這個時候，請試著模仿老師看看！老師是不是常常在教室走動，跟同學們講話呢？你也可以善加利用教室的空間，讓發表更熱絡。

練習　如何利用教室的空間

請假裝自己是老師，在教室走動。可以配合發表的內容訂立計畫，決定什麼時候要走下講臺等等。想問同學問題的時候，也可以直接走到對方面前，用類似採訪的方式來提問唷！

① 老師都是在什麼時候走下講臺的呢？
請寫下來。

② 就算你不站在講臺上也可以發表的部分有哪些呢？
請盡量寫出來。

③ 請寫下②裡面特別適合走動的部分。

小提醒

發表的重點之一，就是如何讓全班參與其中，因此「善用整個教室的空間」就更顯重要。首要之務，就是讓孩子拋開「發表只能在臺上」的觀念，這個練習可以讓孩子培養表現自我的能力，完成一場令人印象深刻的發表。

47 把大家「熟悉的話題」融入發表內容

上次小山參加「環境問題」的演講比賽，他講得好有趣，讓我不禁聽得入迷。參賽者的題目明明都一樣，為什麼只有小山的演講聽起來特別有趣呢？

演講時，明明題目相同，有些人講得就是比較有趣。讓演講更吸引人的方法之一，就是融入大家熟悉的話題。因為當大家聽見自己也熟悉的話題，就會比較容易產生興趣。最常使用這個技巧的，其實就是老師，老師一定都會把大家熟悉的話題融入課程，讓上課變得更有趣。請你也試著找出大家熟悉的話題吧！

練習　如何找出讓大家感興趣的話題

請從學校的活動、午休時玩的遊戲，或是你跟同學之間的對話裡，尋找有趣的話題。好的話題，會讓人忍不住回應：「我知道！」

① 最近全校性的活動有哪些？

② 最近班上舉辦過哪些活動、玩過哪些遊戲？

③ 班上流行哪些漫畫、動畫或電視節目？

④ 從①～③挑出適合融入發表內容的話題，並寫下來。

小提醒

找出彼此之間的「共識」，是溝通的基本，發表也是一樣。發表者和聽眾之間越有共識，聽眾就越容易理解發表的內容，也會比較感興趣，進而專心聆聽發表。

48 保持「微笑 3 秒」，替發表者打氣

圖書股長小佑報告的時候，聲音是顫抖的，好像很緊張也很沒自信。我很想幫她加油打氣，可是她還在發表中，我不知道該怎麼鼓勵她。

當同學看起來很緊張或沒自信的時候，你一定會想幫他加油打氣對吧？可是有的時候，就算我們已經拚命在心裡朝他大喊「加油」，實際上卻是面無表情，並沒有把鼓勵對方的心情呈現在臉上。為了讓臺上的同學接收到你為他加油打氣的心意，請用笑容幫助他緩解緊張吧！

練習　幫助同學緩和緊張情緒的方法

保持笑容其實比想像中困難，稍微不留意，就會立刻變回面無表情。現在，就讓我們一起練習怎麼持續微笑 3 秒吧！

★用鏡子確認自己的微笑可以維持多久

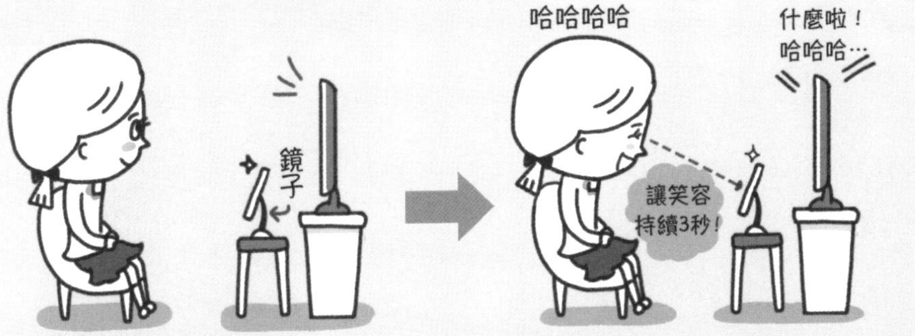

①準備一面鏡子。
②把鏡子放在可以照到臉的地方，打開你喜歡的電視節目看。
③覺得好笑就笑出來。
④看著鏡子確認自己的笑容。
⑤維持笑容 3 秒。

★大笑→微笑轉換練習

①盡情大笑 5 秒。
②微笑 3 秒。
③恢復平時的表情。

小提醒

講者往往會受到聽眾的反應影響，因此培養孩子成為一位好聽眾，也能同時幫助孩子成為一位好講者。此外，若能站在聽眾的立場思考，日常生活中也會變得更善於炒熱氣氛。

49 用「30 度」點頭表示同感

今天「1 分鐘短講」的主題是自己的家人，我演講的時候，大家反應有點冷淡，害我好緊張。不過回到座位時，小陽對我說：「你講得很好唷！」咦？所以其實大家都有聽進去嗎？

聽眾對發表內容有共鳴時，假如不表現出來，發表者也不會知道。有時雖然覺得自己有點頭，但發表者卻看不太出來，因此請記得把動作做得稍微誇張一點。當你心中湧起「你說的我知道！」或「我也有這種感覺！」的想法時，請明顯的點頭，讓發表者知道你也有共鳴。

練習　讓對方知道自己也有同感的方法

點頭時，整個上半身都要動，角度要呈現 30 度！請看著鏡子練習。30 度聽起來好像很大，但其實並不會，剛開始練習時，可能會覺得角度太大，請持續練習，直到習慣！

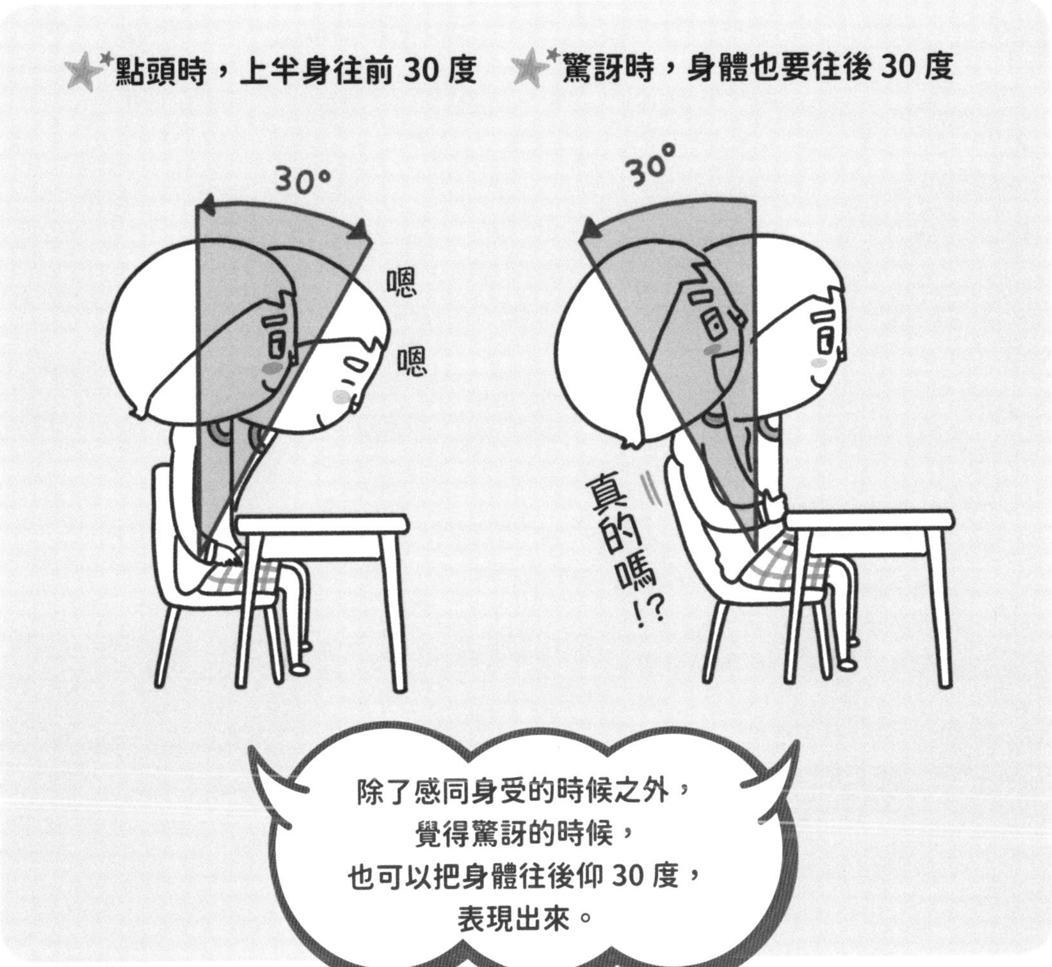
點頭時，上半身往前 30 度
驚訝時，身體也要往後 30 度
30°
嗯
嗯
30°
真的嗎!?
除了感同身受的時候之外，
覺得驚訝的時候，
也可以把身體往後仰 30 度，
表現出來。

小提醒

點頭是最簡單的回應方式之一，請提醒孩子：「如果有同感，就點點頭吧！」以增進發表中的互動。此外，若只是點頭，平時不好意思做出其他回應的孩子也比較容易做到，因此效果極佳。

50 維持「傾身向前」的坐姿，讓演說者更自在

阿翔剛剛發表「我的志願」，講得超棒的！可是下課的時候，阿翔卻跑來問我：「我剛剛的發表很無聊嗎？」咦？他為什麼會這樣問？

聽同學發表的時候，你是怎麼坐的呢？是不是無精打采的靠在椅背上？其實，比起聽對方說什麼，人們通常更習慣透過對方的動作和表情，來判斷對方的心情。假如聽眾坐沒坐相，發表者就會感到不安，擔心自己講的內容是不是太無聊了。下次坐著聽講時，請記得把身體往前傾唷！

練習　如何營造讓發表者更自在的氣氛

聽講時把身體往前傾，傳達出來的訊息是：「我對你講的東西很有興趣！」相反的，如果你雙手抱胸、轉向一旁，或是邊聽邊玩頭髮，則會傳達出「我對你的發表沒興趣」的訊息。回想一下你平常都是用什麼坐姿聽講的吧！

不良的坐姿

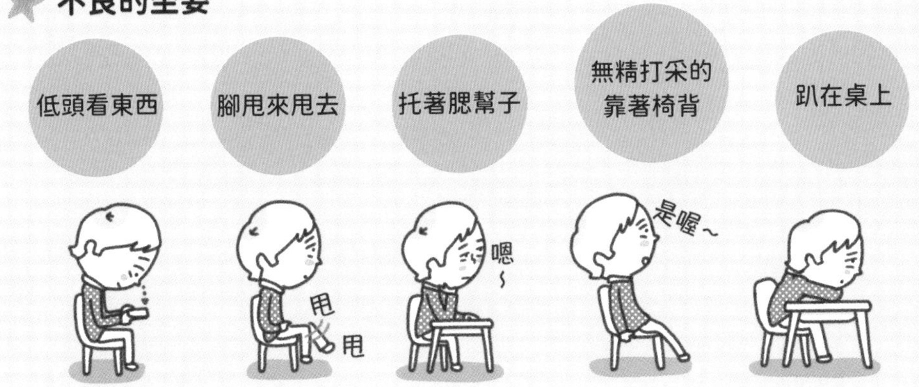

良好的坐姿

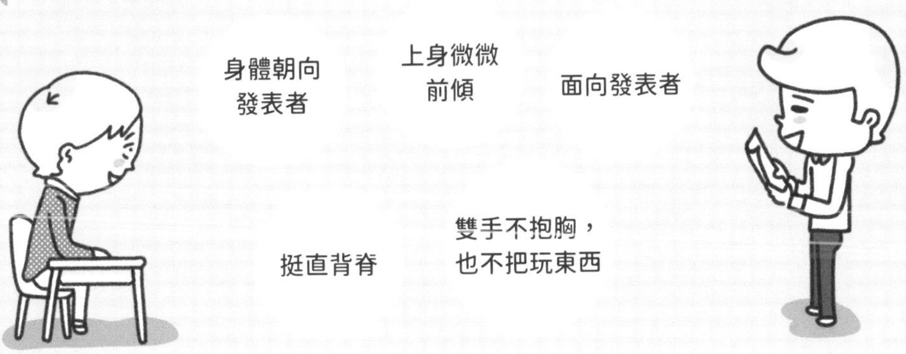

小提醒

人通常不會特別注意自己的姿勢，儘管沒有惡意，但很多時候會不自覺雙腳亂晃、眼神亂飄。請引導孩子想像自己「忍不住探出身子」的模樣，表現出認真聽講的態度。

51 大家一起「高聲」替發表者加油

今天輪到小紗發表本學期的目標，她好像從一大早就很緊張。小美對她喊了「小紗加油！」之後，小紗的表情就變得明亮許多，發表也超成功！我也好想這樣替同學加油喔！

「接下來就要發表了……好緊張喔。」——當你這麼想的時候，假如同學對你說「加油！」「開心就好！」你是不是會很高興，同時也更勇敢呢？同學大聲加油後，也會提醒自己：「我一定要認真聽同學發表！」於是發表時彼此的互動就會變得更好。聽眾其實可以主動打造能輕鬆互動的氣氛唷！

練習　替同學加油打氣的方法

應該對同學說些什麼才好呢？如果你是發表者，你又想聽到什麼呢？想想看，當同學對你說這些話時，你會有什麼感覺！

加油喔！

你的感覺是……？

別搞砸囉！

你的感覺是……？

我很期待唷！

你的感覺是……？

開心就好！

你的感覺是……？

我會認真聽喔！

你的感覺是……？

想想看，有些話是不是反而讓人感到壓力呢？
想說些話替對方打氣時，請站在發表者的立場思考！

小提醒

互相加油打氣，有助於發表者發揮實力，不過，替對方打氣時的用字遣詞也是很重要的。請引導孩子思考「假如自己是發表者，聽到哪些話就會覺得充滿力量？」也可以請孩子和同學們分享彼此的感受。

52 聽講時，請記得「Yes」、「And」原則

我們班在放學前的班會時間，要輪流發表「今天發生的趣事」。小志今天講了午休時踢足球的事情，可是老實說，我根本沒有興趣……因為太無聊了，我就邊聽邊在筆記本上塗鴉。

有時候，同學的發表可能真的很無趣，但這也是理所當然的，因為每個人的喜好和興趣都不一樣。不過，當你在發表的時候，要是看到同學露出一副興趣缺缺的表情，你是不是會很難過呢？就算是你沒興趣的話題，也可以先在心裡給「發表的同學」一個「讚！」（Yes！），再主動想想「他的發表內容當中，有沒有和我有關的事物？」（And）唷！

練習　如何主動積極的聽同學發表

就算對同學發表的主題沒興趣，只要認真聽，就有可能獲得新知識。聆聽同學發表時，請試著把心態調整為：「你說的我都不知道，請多告訴我一點！」而不是一直想著：「我沒興趣，無聊死了。」相信你一定會發現對方的發表比想像中還要有趣。

請寫出你不感興趣的話題，從中找出跟自己切身相關的部分。

不感興趣的話題：職棒

跟自己相關的部分：記得爺爺好像說過他喜歡看棒球，下次跟爺爺碰面的時候，或許可以跟他聊聊看。

不感興趣的話題：

跟自己相關的部分：

不感興趣的話題：

跟自己相關的部分：

最重要的是，
請無條件肯定
「正在發表的同學」，
給他一個「讚」！
讚！

小提醒

若習慣在面對不感興趣的話題時也認真聽講，不但能增加知識，更能讓自己有機會和以往不曾接觸的人聊天。即使是和自己毫無關聯的話題，有一天說不定也會派上用場——這樣的心態，未來在工作上也會對孩子帶來莫大的助益。

專欄

以豐富的表情進行一場魅力發表！

人只要一緊張，臉部肌肉就會變得僵硬，看起來面無表情。比起發表的內容，聽眾往往會更注意發表者的表情，假如發表者可以帶著豐富的表情說話，聽眾也會覺得安心，同時對發表內容更感興趣唷！

讓表情更豐富的訓練

❶ 用力睜大雙眼。

❷ 用力緊閉雙眼。

❸ 再次用力睜大雙眼。

❹ 重複步驟❶～❸，共五次。

❺ 發出「嗯～」的聲音，同時把眼睛和嘴巴一起擠向鼻子，皺起五官。

❻ 發出「啪～」的聲音，同時放鬆五官。

❽ 重複步驟❺～❻，共五次。

扮鬼臉訓練

❶ 兩人一組。

❷ 數「一、二～三！」對彼此扮鬼臉。

❸ 連續做出五種不一樣的鬼臉。

做完後，臉是不是有點熱熱的？這就是臉部肌肉已經伸展的證明。一開始可能沒辦法隨心所欲活動肌肉，或是動作不到位，但只要持續練習，就會越來越靈活唷！

另外，想在大家面前做出豐富的表情，就不能害羞。接下來請以參加比賽的心情，進行扮鬼臉訓練吧！持續練習後，在日常生活中表情也會變得更豐富，這麼一來，你就會變得更有自信，想法也會比較正向積極，身旁的人也會慢慢開始覺得你很討喜。

讓我們一起鍛鍊臉部肌肉，提升自己的形象吧！

MEMO

後記

謝謝您購買本書。

大家都知道，相較於其他國家，亞洲人特別不擅長在眾人面前發表（簡報，present），許多人認為這是個必須解決的問題。

在教育現場，有越來越多老師認同我們應該幫助孩子提升「表達能力」和「說話能力」等「發表能力」（簡報能力）。然而，目前簡報能力相關的訓練教材還很少，許多老師也尚在錯誤中摸索學習。

我原本是位演員，因為受傷的關係，很早就離開這一行，之後就在高中擔任戲劇指導講師，從事教育工作。在指導高中生演戲的過程中，我發現他們普遍缺乏未來進入社會後所需要的基礎簡報能力。於是我在指導戲劇之餘，也開始訓練高中生的簡報技巧。起初，許多學生根本不敢抬頭、講話支支吾吾，連聽眾都能感受到他們的緊張。但持續練習一陣子之後，他們已經能抬頭挺胸，進行一場讓聽眾樂在其中的簡報。

他們學會的簡報能力，日後在面試等決定未來方向的關鍵時刻，也派上了用場，我親眼見證學生的未來因此拓展。有了上述經驗，我開始思考——當初為了指導學生演戲而構思的各種訓練，是不是也能幫助孩子提升簡報能力呢？於是我將這些訓練規劃成有系統的課程。

進行簡報時，最重要的就是簡報者（presenter）的態度。無論內容多麼精彩，倘若簡報者一臉無趣、扭扭捏捏，或因為過度緊張而無法樂在其中，聽眾也不會覺得這場發表有趣。

一般人很容易聚焦於簡報內容、架構和呈現方式，但事實上，更重要的是簡報者的態度。因為聽眾對一場簡報的評價是好是壞，往往取決於簡報者本人帶來的印象。一場簡報要成功，最大的前提是簡報者本人要放鬆心情，並且拋開束縛、樂在其中。

一場好的簡報，並不是指每個簡報者都必須像專業播報員說話，而是充分發揮自己的特色。

為了達到這個目標，首先必須由大人自然大方的做示範。孩子在成長過程中總是會觀察和模仿大人，因此，只要大人親自做給孩子看，無論做得好不好，都能讓孩子感到安心，知道自己也可以放手嘗試。

下一步，則是打造不怕失敗、勇於挑戰的氛圍。發表時欠缺自信，是因為害怕失敗。因此，即使只是練習，孩子們也會下意識想要表現得完美無缺，導致態度畏畏縮縮。然而在練習時出錯多少次，就能找出多少個需要改善的地方，請大人先相信「失敗為成功之母」的道理。

此外，給孩子任何建議之前，請先對孩子的發表予以肯定。也就是先針對孩子的行為給予正面評價，接著再提出下一個挑戰，例如：「你發表得很棒耶！下次可以試試看這麼做，大家一定會更認真聽」「在這麼多人面前講話卻不害怕，你真棒！那下次要不要試著不看稿子，用自己的話來表達？」如此一來，每個孩子便能發揮各自特色，逐漸成長。

一場引人入勝的簡報並非一蹴可幾，必須反覆的練習，才會慢慢進步。許多人總想「消除緊張」，但其實對付緊張的辦法，並不是消除，而是控制並舒緩它。只要花時間反覆練習，便能學會如何控制緊張。

請提醒孩子不要一開始就想拿滿分，而是要像爬樓梯一樣，一步一步慢慢成長。第一步，就是抱著愉快的心情進行練習，當我們開開心心的說話，聽眾也會感到愉快。我期盼孩子的發表能力提升後，未來可以幫助他們找到心目中理想的工作、實現夢想。

最後，我要感謝八木校長、聲音訓練師 Chika、我的學生，以及我最愛的家人，謝謝各位協助完成本書。

海野美穗

童心園 童心園系列 280

【全圖解】解決孩子的大煩惱2-小學生的說話表達練習課

イラスト版人前で話すこつ: 子どもの発表力をのばす52のワーク

作者	海野美穗
譯者	周若珍
責任編輯	陳鳳如
封面設計	黃淑雅
內文排版	李京蓉
童書行銷	張惠屏・侯宜廷・陳俐璇

出版發行	采實文化事業股份有限公司
業務發行	張世明・林踏欣・林坤蓉・王貞玉
國際版權	鄒欣穎・施維真
印務採購	曾玉霞・謝素琴
會計行政	許俽瑀・李韶婉・張婕莛
法律顧問	第一國際法律事務所 余淑杏律師
電子信箱	acme@acmebook.com.tw
采實官網	http://www.acmestore.com.tw
采實臉書	http://www.facebook.com/acmebook
采實童書粉絲團	https://www.facebook.com/acmestory/

ISBN	978-626-349-024-6
定價	320元
初版一刷	2022年11月
劃撥帳號	50148859
劃撥戶名	采實文化事業股份有限公司
	104台北市中山區南京東路二段95號9樓
	電話：(02)2518-9798 傳真：(02)2518-3298

線上讀者回函

立即掃描 QR Code 或輸入下方網址，連結采實文化線上讀者回函，未來會不定期寄送書訊、活動消息，並有機會免費參加抽獎活動。

https://bit.ly/37oKZEa

國家圖書館出版品預行編目(CIP)資料

(全圖解)解決孩子的大煩惱. 2：小學生的說話表達練習課/海野美穗作；周若珍譯. -- 初版. -- 臺北市：采實文化事業股份有限公司, 2022.11
面；　公分. -- (童心園系列；280)
譯自：イラスト版人前で話すこつ：子どもの　表力をのばす52のワーク
ISBN 978-626-349-024-6(平裝)

1.CST: 說話藝術 2.CST: 溝通技巧 3.CST: 小學生

192.32　　111015191

采實出版集團
ACME PUBLISHING GROUP